LA CABALLERÍA

Pascal Gambirasio d'Asseux

LA CABALLERÍA

Un ideal cristiano

Traducción de
Ramón Martí Blanco

| BIBLIOTECA DEL CRISTIANISMO |

DELFOS

LA CABALLERÍA
Un ideal cristiano

Pascal Gambirasio d'Asseux

Diseño de cubiertas y maquetación:
E Я A | ALTA RESOLUCIÓN EDITORIAL

Ilustración de cubierta:
Id. Dreamstime: 56365804

EDITORIAL DELFOS
www.editorialdelfos.com

© 2024 Pascal Gambirasio d'Asseux
© 2024 Editorial Delfos

ENTREACACIAS, S.L.
[Sociedad editora]
c/Covadonga, 8
33002 Oviedo - Asturias (España)
info@editorialdelfos.com

1ª edición: julio, 2024

ISBN (edición impresa): 978-84-18373-85-5
ISBN (edición digital): 978-84-18373-86-2
Depósito Legal: AS 01684-2024

Impreso en España
Impreso por Podiprint

«La victoria del amor será la última palabra de la Historia del mundo»[1].

«La sangre se hereda y la virtud se adquiere, y la virtud vale por sí sola lo que la sangre no puede valer»[2].

[1] S.S. el Papa Benedicto XVI: *Jesús de Nazareth*, IIª parte, Éditions du Rocher 2011.
[2] Miguel de Cervantes: *Don Quijote*.

PRÓLOGO

Invitamos al lector que tenga a bien concedernos su atención, a prolongar la mirada sobre la caballería, que iniciamos, hace ya veinticinco años, con nuestra obra *El espejo de la caballería*, ensayo sobre la espiritualidad caballeresca.

Por supuesto, somos plenamente conscientes que convocábamos así, a una caballería arquetípica, a la caballería tal cual fue concebida, bajo impulsión de la Iglesia, en tanto que ideal cristiano en el seno de una sociedad en que dicho ideal ostentaba todo su señorío, a la vez militar y espiritual y en la que todo aquél que hubiera recibido dicho estado caballeresco podía cumplirlo, o cuando menos tender a ello, en la integralidad de las dimensiones que tal estado comporta.

El espejo al que nos referíamos en la obra mencionada tiene que ver con esa cara eterna y atemporal de la caballería, su ἀρχή (arché, su principio), sea cual sea nuestro momento actual. En efecto, su naturaleza permanece, son únicamente las modalidades de su acción las que «reflejan», justamente, las condiciones de su aplicación en la sociedad en que se encuentra. Su dimensión espiritual, en particular, no queda modificada ni alterada por el contexto histórico; de igual modo, siendo todo lo tocante al orden del espíritu, por esencia inagotable, nos ha determinado a considerar de nuevo este espejo de la caballería.

En realidad, no se trata de descubrir ni revelar, a la manera que haría un pseudo esoterismo, elementos permanecidos supuestamente ocultos, sino de profundizar en ello a la luz del Credo, para ver lo que esta vía singular significa en el marco de la espiritualidad cristiana, lo que testimonia, lo que porta y lo que aporta a aquellos que son llamados a esta vía. Ya que sí, se trata claramente de una vocación, en el sentido que lo entiende la Iglesia cuando ésta evoca los dones del Espíritu y los compromisos corolarios de los bautizados como lo explicita san Pablo en su célebre texto:

> A cada uno se le da una manifestación especial del Espíritu para el bien de los demás. A unos Dios les da por el Espíritu palabra de sabiduría; a otros, por el mismo Espíritu, palabra de conocimiento; a otros, fe por medio del mismo Espíritu; a otros, y por ese mismo Espíritu, dones para sanar enfermos; a otros, poderes milagrosos; a otros, profecía; a otros, el discernir espíritus; a otros, el hablar en diversas lenguas; y a otros, el interpretar lenguas. Todo esto lo hace un mismo y único Espíritu, quien reparte a cada uno según él lo determina.[3]

Podemos afirmarlo, la vía caballeresca es, sin ningún género de dudas, la expresión de un carisma específico, a la vez que el sello del firme y perenne compromiso por parte de aquél que libremente da respuesta al mismo, de tal manera que, con toda evidencia, el camino caballeresco debe ser considerado como una auténtica vía de santidad.

La vocación es una llamada de Dios, insuflada por el Espíritu Santo en el corazón de cada hombre, en absoluto respeto a su total libertad de dar respuesta a dicha llamada. Todo carisma y toda vocación que es engendrada siendo un don de Dios, es por consiguiente, una manifestación de su amor, Dios aguarda que cada uno le responda de manera idéntica: por puro amor, en otros términos, por impulso de su libre voluntad humana.

---

[3] I Cor XII, 7-11.

Es preciso saber que una vocación rechazada, denegada por cualquier causa, es peor pecado que una vocación mejor o peor cumplida, de acuerdo a la fortaleza de alma de cada uno. Es una evidencia espiritual: es por otra parte lo que nos enseña Cristo a través de la parábola de los talentos[4] y la de las minas[5] (siendo talentos y minas unidades monetarias de su época).

Toda vocación pone al ser ante sí mismo, al mediodía de la mirada de Dios. Es preciso pues, valor y fortaleza de ánimo para aceptarla y lanzarse hacia ella sin fingimiento ni tibieza, ni tampoco titubeo por volver sobre los pasos dados. Es de este modo que el caballero inicia su errancia aventurada en el sentido que la entendían las novelas artúricas.

Habremos entendido, que esta errancia y esta aventura son de naturaleza esencialmente espiritual, efectuada *in corde*, sean cuales sean las pruebas con que el caballero pueda encontrarse en este mundo. Estas generarán siempre una repercusión (en todos los sentidos del término) interior ya que, en esta vía, dichas pruebas son siempre también, la traducción de un combate esencialmente de orden metafísico.

En verdad, la aventura de la caballería es un adviento, de acuerdo a la definición teológica de esta palabra: lo que está por venir. Se trata de la edificación del ser, luego de hallar su justo lugar en el seno del mundo y en el cielo. Quien responde a su vocación se sitúa en imitación del discípulo Ananías que responde al Señor que lo llama en su visión: «*Heme aquí*».[6]

Hacer frente, tal es la actitud natural del caballero; en los combates de este mundo, contra el Maligno y sus legiones, al igual que contra sí mismo, lo que mayormente acaba aconteciendo… No es en sus propias fuerzas con que cuenta el caballero, no se arma de su ego, de su único valor, sino que se entrega a la gracia (a las gra-

---

[4] Mt XXV, 14-30
[5] Lc XIX, 11-27
[6] Ac IX, 1-30

cias) de Dios que no abandona nunca al que combate en su Nombre. Es también, en la humildad de su debilidad que el caballero triunfa, ya que es el Señor quien le da su fuerza. Es por lo que toda victoria, en particular en el encaminamiento espiritual, debe ser dada a Dios, puesta en Dios.

A modo de calderón o suspensión del compás a estas palabras de introducción al espíritu y servicio caballerescos, citaremos las de Georges Bernanos en su libro *Carta a los Ingleses* escrito durante su exilio en Brasil entre 1940 y 1941, capítulo «De la Caballería», libro cuyo análisis es aplicable más que nunca a nuestro mundo contemporáneo.

> Es en este mundo tan viejo, tan desgastado, del que desesperaron los sabios y al que los monjes dijeron que estaba condenado al demonio, que se inventó la caballería (…). Este dulce milagro, este milagro del espíritu de heroísmo y de la infancia –este milagro infantil– quizá no esté tan lejos de nosotros (…). El honor caballeresco, es decir, la inversión de los valores de este mundo, el desprecio por el dinero, la exaltación de la pobreza, la fuerza que obtiene su dignidad únicamente de los servicios prestados a los débiles, la fuerza convertida en sirviente, fue consagrada de una vez por todas por la Iglesia. Se convirtió en modelo cristiano del honor, en característica del honor ortodoxo.

BREVE HISTORIA DE LA CABALLERÍA: ORIGEN Y TRANSMISIÓN

Origen

La caballería es una institución única, propia del Occidente cristiano; tiene por base el estado militar y el compromiso espiritual, presentado así una naturaleza específica (y un lenguaje propio, la heráldica). Por definición, precede a las Órdenes caballerescas que sin ella no existirían. En su origen, estas Órdenes recibían a caballeros ya adobados, pero posteriormente y con el transcurrir del tiempo, ellas mismas pasaron a armar a los nuevos miembros que admitían.

Existen diversos *fons honorum* (fuente de honores) de la caballería, dicho de otro modo, orígenes históricos garantes de su legitimidad, es decir de su transmisión ininterrumpida a través de los siglos.

En primer lugar, el fondo germánico: la iniciación guerrera transmitida por el ritual de entrega de las principales armas (frámea o lanza larga, hacha y espada, así mismo, escudo más o menos ornado simbólicamente) al hombre joven que accede al rango de guerrero.

A continuación, el fondo romano con la clase de los Eques constituyendo el Equester Ordo que habría sido creado por Servio Tulio en el siglo IV a. de C., cuando instituyó los Comicios centuriados. La pertenencia a esta Equester Ordo daba derecho a llevar el anillo de oro, así como la túnica blanca con banda de púrpura estrecha (toga angusticlavia). A destacar que la sortija caballeresca armeriada tiene su origen en este anillo.

Estos dos fondos fueron muy pronto cristianizados (se admite por lo general a partir del siglo VI). Desde entonces, transmiten este estado específico, tanto en el plano societario como espiritual, caracterizando lo que se viene a denominar el Miles Christi: el soldado o caballero de Cristo.

Esta afirmación no debe sorprendernos: el concilio de Arles, en el 314, admite y consagra la «Militia» es decir, el servicio armado que debe ser efectuado por el bien general al Soberano, y al país. San Bernardo, a su vez, confirma la legitimidad de este estado caballeresco, en línea con el pensamiento de san Agustín que define la noción de guerra justa cuando los desórdenes la hacen necesaria.

Finalmente, resulta lógico pensar que estos dos fondos se han unido de facto a partir de lo que los historiadores vienen a denominar la alta o primera Edad Media (siglos del V al XI).

Transmisión

La caballería se transmite de persona a persona de acuerdo a un ritual (un ordo) específico: el adobamiento, conocido también como armamento. Únicamente un caballero tiene el derecho y la capacidad de transmitir la caballería a quien reconozca las cualidades para hacerlo. No se hereda jurídicamente a diferencia de la nobleza, el segundo orden de la tripartición característica de la sociedad medieval y del Antiguo Régimen (Clero, Nobleza, Tercer Estado). Se puede sin embargo considerar que la caballería constituye la raíz, la médula espinal de toda auténtica aristocracia: moral y social.

El armamento –o adobamiento, la acolada y, más antiguamente, la palmada– crea caballero y hace entrar, sea cual sea su cuna, a aquel que lo recibe a lo que la tradición medieval denominaba el 8º sacramento, es decir a la fraternidad caballeresca.

Esto constituye la recepción de una gracia y un carácter (en griego, carácter significa sello) imborrable que consagra y bendice un mayorazgo espiritual y moral significando una vocación de dimensión a la vez personal y social: dimensión personal, ya que este adobamiento implica, para aquel que lo recibe, vivir de acuerdo a unas exigencias cada uno de los días de su vida; dimensión social, ya que este adobamiento implica el cumplimiento de los deberes en el seno de la sociedad de los hombres sin miedo, ni debilidad, ni compromiso. En este sentido, se trataría claramente de un sacramental, tal como la Iglesia entiende y define, por ejemplo, las bendiciones.

Detengámonos un instante sobre este punto, esencial para comprender lo que acaba de ser enunciado: el adobamiento es un sacramental. ¿Cuál es pues, la diferencia entre los sacramentales y los sacramentos?

La teología enseña que los sacramentos operan en cada ser por su propia potencia (*ex opere operato* según la formulación que le está dedicada), no por virtud o santidad del oficiante porque están instituidos y aplicados directamente por Jesucristo mismo, Verbo divino encarnado, que actúa, en el tiempo y espacio de las generaciones humanas, a través de este mismo oficiante (sacerdote, obispo) configurado a él a estos efectos y que actúa pues in *Personna Christ* (formulación igualmente dedicada). Sucede diferentemente para los sacramentales (bendiciones, escapularios, por ejemplo) los cuales, producen sus efectos de gracia en la medida de la fe del oficiante y de aquél los recibe, cuando se trata de un ser humano. Es lo que la teología formula así: *ex opere operantis*.

Como es sabido, el adobamiento es conferido por un caballero el cual lo haya recibido a su vez válidamente y estando así inscrito en la filiación de la caballería perenne. Lo confiere ritualmente con la espada (uno o tres golpes con el plato de la espada), algunas veces con la palma de la mano, en nombre de la Santísima Trinidad, a veces en el de san Miguel[7] o san Jorge, a menudo asociado al nombre de la Santísima Virgen María; y en cualquier caso, en nombre del santo patrón de la Orden, procediendo a la investidura caballeresca.

El más antiguo ceremonial de adobamiento conocido es el «Ordo Moguntiacum» [Ordo de Maguncia] de 950, que a su vez es una compilación de textos anteriores. Algunos historiadores estiman que es bajo Carlomagno, emperador de 800 a 814, que el carácter cristiano del adobamiento queda fijado, particularmente en relación a las ceremonias de los pueblos germánicos.

Algunos caballeros entraban a continuación en Órdenes caballerescas y tomaban su manto, analógicamente a la toma del hábito monástico. Pero estas Órdenes, inicialmente, no adobaban puesto que sus caballeros ya lo estaban.

La evolución histórica ha conducido estas Órdenes a proceder al Armamento (o investidura) caballeresca de los nuevos recibidos que no eran portadores del estado caballeresco anteriormente a su admisión y han tomado pues, de facto como de jure, una naturaleza y dimensión de conservatorio y transmisión de la caballería. Únicamente los Oficiales de estas Órdenes pueden transmitir la caballería y tan solo en el marco de su Orden respectiva.

No obstante, y volveremos sobre ello en el capítulo dedicado a las Órdenes caballerescas, la caballería preexiste a estas Órdenes y, de algún modo, las transciende puesto que, sin dicha preexistencia, es evidente que éstas no podrían haber sido creadas ni transmitir nada.

---

[7] El arcángel san Miguel es citado como jefe de la Milicia celeste de los ángeles que combaten a Satanás y sus legiones de ángeles caídos. Por esta razón, es el patrón de la caballería que combate en este mundo contra todas las potencias dedicadas al Maligno. En Francia, desde 1949, se ha convertido igualmente en santo patrón de las unidades de paracaidistas. Es costumbre decir que ángeles y caballeros son compañeros de armas a través de su plan de existencia respectivo, asistiendo sin embargo los primeros a los segundos en sus batallas en este mundo, pero también y por encima de todo en sus combates espirituales. San Miguel es asimismo el santo patrón de Francia.

Por otra parte, la tradición de una transmisión perenne de la caballería de persona a persona, fuera del marco de toda Orden, ha perdurado también a través de los siglos y no se ha perdido en absoluto, al margen que las personas portadoras de este estado caballeresco pertenezcan también –o no– a un Orden de caballería.

Así, bajo esta caballería independiente y perenne, estos caballeros, según su propio discernimiento y bajo su entera responsabilidad, tienen derecho a transmitirla a quienes reconozcan las cualidades requeridas: hombre y mujer.

Esta caballería independiente puede encontrar su origen, sea en la surgida en la de los fondos germano y romano, cristianizados y unidos como venimos de exponer, sea directamente en la Iglesia, casi únicamente católica, a través de la transmisión inicial por un obispo o abad mitrado. Algunos dicen entonces que se trata de una caballería litúrgica, pero este término parece poco apropiado puesto que se relaciona directamente con la celebración de la misa; si conviniera calificar expresamente esta transmisión de la que estamos hablando, convendría sin dura referirse a ella como una caballería eclesial.

A nuestro juicio, esta naturaleza de fondo caballeresco (eclesial) puede perfectamente ser transmitido por aquellos que lo han recibido, incluso siendo laicos, puesto que se trata de un sacramental y no de un sacramento, como ya lo hemos precisado.

Con toda evidencia, algunos caballeros pueden ser portadores de los dos fondos por haberlos recibido en diferentes etapas de su vida espiritual. Transmitiendo a su vez la caballería, transmitirán, evidentemente, estos dos fondos conjuntamente ya que la caballería no se divide ni se limita.

Que sea en el marco societario en el que se manifieste, hoy como ayer, de acuerdo a una constante naturaleza (pero bajo modos de acción que la evolución histórica pide diferentes) como en su aspecto propio de vía espiritual más interior seguida por los caballeros hombres de pro[8] como son designados en ocasiones en los libros medievales, llamados caballeros profesos[9] en las Órdenes Militares y Religiosas, la caballería se encuentra marcada –bajo el signo, sería todavía el término más pertinente– por lo que se puede legítimamente denominar un Misterio y un Ministerio.

Entendemos por estas palabras que la singularidad de su naturaleza (dicho de otro modo, su Misterio) induce los modos y modalidades de su acción, de su servicio en este mundo (en otros términos, su Ministerio); es lo que veremos en el capítulo dedicado a la naturaleza espiritual de la caballería.

---

[8] Volveremos sobre este tema en el capítulo siguiente.
[9] Porque hacen profesión, es decir, se comprometen solemnemente, a llevar una vida cristiana lo más cercana posible a los Mandamientos del Señor (cf. la expresión profesión de fe: del latín *pro*, en adelante y *fateor*, declarar).

NATURALEZA ESPIRITUAL DE LA CABALLERÍA

El camino de la caballería, en la medida que es esencial para las almas que están cualificadas para ser admitidas y encontrar su cumplimiento en el mismo, es eterno. Siendo eterno, su actualidad es continuadamente imperiosa.

En estos tiempos de confusión y perversión mentales, morales, intelectuales, culturales y espirituales en los que estamos inmersos actualmente, este camino es más que nunca el testimonio viviente de los valores de los que los hombres (hombres y mujeres, se entiende) son portadores, y han respondido a esta misión para la que han sido llamados. Su acción es entonces, no solamente un acto justo y por consiguiente eficiente, sea cual sea la manifestación de dicha acción en este mundo, sino también –y antes que todo– una acción de gracias.

El cumplimiento de toda vocación[10] es un «amén» a la divina Voluntad que propone siempre sin imponer nunca; ella colma al ser de alegría y fuerza porque lo revela a sí mismo, dándole de este

---

[10] Podríamos definir la vocación, en su dimensión más profunda, como una manifestación del Amor de Dios que ofrece a cada ser humano la posibilidad de inscribirse en su Obra de Salvación y cooperar en ella; esa vocación es simultáneamente, «en retorno», la expresión del amor de cada ser humano para con Dios cuando responde a esta llamada, haciendo suyas estas palabras del discípulo Ananías al Señor que lo llama en sueños: *«Ecce venio»* (Heme aquí, Señor) Hechos IX, 10.

modo a conocer su verdadero rostro, tal como Dios lo ve y lo invita a realizarse: a ser –libremente– aquél que debe ser idealmente.

Misterio de la vocación única de cada uno en el seno de la hermandad humana, una y complementaria a la vez; Misterio del amor de Dios.

La caballería evoca en el hombre actual un mundo que le es familiar y a la par que misterioso. Y ello es así, porqué se sumerge en lo más profundo de las raíces occidentales, en su memoria y en su imaginario, llamando a la vez a los corazones a elevarse a la dimensión de la revelación evangélica y sus exigencias cristianas.

En este sentido, la caballería, ilumina y edifica (en todas las acepciones posibles del término) a aquellos que oyen y deciden dedicarse a esta vía –voz interior que habla al íntimo del ser. Es por lo que, para aquellos que son precisamente llamados a ella y (o) pertenecientes a aquellas familias «signadas» en el curso de los siglos, es preciso hablar, en sentido plenario, de vocación caballeresca, de una llamada a esta vía tradicionalmente calificada de heroica, porqué invita a aquél o aquella que la ha recibido a superarse así mismo o, más exactamente, a darse cuenta de la dimensión plena de su ser, desconocida en él, a temer no lograr alcanzarlo o incluso a tratar de darse la vuelta, cediendo a una falta de valor ante los compromisos requeridos y el potencial sacrificio que la realización de la misma podría llegar a engendrar.

Responder a esta llamada es el primer paso que caracteriza a este camino heroico, también dicho vía del guerrero, el primero de todos aquellos que deberán seguir a fin de lograr el término de la realización espiritual que ella encarna e induce. Guerrero, hemos dicho, pero tratándose mucho más que el simple estado del hombre de guerra, por bien que cubrió dicho estado históricamente e inicialmente. Ya que la guerra es, ante todo, la que lleva consigo mismo: contra sus pasiones, ciertamente, pero también y quizá más perniciosas, su pereza espiritual y su posible acedia, sus indolencias espirituales, sus mentidas tanto para sí mismo, la mayoría de veces, como para los demás.

Fundamentalmente, en el cristianismo, un santo es un héroe al igual que el héroe guerrero debe tender a la santidad. En definitiva, es la misma asunción espiritual. He aquí porqué, la caballería, en el íntimo de su naturaleza, su ἐσωτερικός (*esôterikós*) en su sentido a la vez etimológico y pleno, es claramente un camino hacia la santidad.

. . .

Mucho más allá de su Gesta[11], de la que la historia ha guardado grandes y numerosas hazañas, la todavía vigente capacidad caballeresca, que asombra ante el mero recuerdo de su nombre es aún una realidad que a casi nadie se le ocurre rebatir. Sea a través de imágenes simplificadas, incluso simplistas, la memoria viva de los hombres de Occidente, y más allá de éste, continua conservando el retrato ideal del caballero, de sus proezas, de su agudo sentido del deber y de su entrega a la protección y defensa de los más humildes.

El caballero es el arquetipo del gentilhombre, su medida y su legitimidad. Ante todo, la clave de esta perennidad de afecto, de admiración y respeto reside ciertamente en esta unión del coraje físico y moral conjugado a la cortesía que hace del caballero un combatiente de élite y un hombre de honor, simple y verdadero, cuya elegancia de vida es signo del carácter natural de la nobleza de corazón. Volveremos sobre ello.

Sí, el recuerdo de la caballería permanece vivo en el corazón de la memoria de los pueblos de Occidente, aún hoy, a pesar de los asaltos de un modernismo ebrio de tablas rasas. Basta con soplar sobre las brasas del recuerdo para que surja de nuevo la llama de la epopeya medieval, particularmente de los dos siglos del Reino

---

[11] Del latín res *gestae* o simplemente gesta (participio pasado del verbo *gerere*, hacer cumplir): hazañas. Una Gesta designa los poemas épicos y las crónicas de la alta Edad Media cristiana relatando las proezas de personajes históricos o legendarios.

cristiano de Tierra Santa, en cuyo período se ilustraron en particular las Órdenes de caballería fundadas durante el mismo, conjugando los votos monásticos con la acción militar, y hospitalaria para algunas de ellas.

Quien no guarda, en patrimonio común, la memoria de los valientes de antaño y las hazañas, reales o legendarias, que se les atribuyen: las de los Caballeros de la Mesa Redonda de las novelas artúricas y su búsqueda del Grial; las de los caballeros que ha conservado la Historia, como el valeroso Roldán, que murió en el 778 en Roncesvalles; Pierre du Terrail, señor de Bayard, de quien se dice que nombró caballero al rey Francisco I la noche de la victoria de Marignan; Bertrand du Guesclin, que fue condestable de Francia y Castilla; Guillermo, el mariscal[12]; Raymond Lulle[13]; Godofredo de Charny; el Mariscal de Francia Jean II Le Meingre dit Boucicaut, que se distinguió durante el reinado de Carlos VI en particular contra los ingleses así como durante las cruzadas en Túnez y Nicópolis; Mathieu Montmorency-Marly[14], por citar sólo los más conocidos. Sin olvidar al rey San Luis, por supuesto.

Al igual que Regulus, este general romano, modelo y mártir del honor y de la palabra dada[15], así como el rey de Francia Juan II el

---

[12] Caballero anglonormando nacido hacia el 1145 y muerto en 1219, 1º conde de Pembroke.
[13] Caballero francés. Escribió *El libro de la Caballería* en 1275 ó 1276. N.T. El autor se refiere a Ramon Llull, hijo de una adinerada familia de la nobleza barcelonesa que se afincó en Mallorca donde nació Raymond, siendo hasta los 30 años en que se efectuó su profesión religiosa, caballero y cortesano de Jaime II, estando bajo la autoridad del rey los condados del Rosellón, la Cerdaña y el señorío de Montpellier, que siglos después fueron franceses.
[14] Uno de los más notables caballeros de finales del siglo XII, muerto en Constantinopla en 1204. Tuvo un desempeño brillante durante la tercera Cruzada y combatió bajo Philippe Auguste contra Ricardo Corazón de León.
[15] Marcus Attilius Regulus, general y cónsul del siglo III a. C., capturado por los cartagineses durante la Iª Guerra Púnica, fue liberado por estos últimos para negociar una paz favorable a sus intereses con Roma dando su palabra de que, si su misión fracasaba, regresaría como prisionero a Cartago para ser ejecutado. Habiendo notado la debilidad de Cartago, Regulus ante al Senado romano aconsejó por el contrario continuar la lucha porque la victoria estaba asegurada. Instado por el Senado, sus amigos y su familia a quedarse en Roma, no obstante, se mantuvo fiel a su palabra y regresó a Cartago. Cuentan las crónicas que allí fue torturado hasta la muerte en un cofre erizado de clavos.

Bueno[16] que luchó al frente de sus tropas en Poitiers en 1356, donde fue atacado por todas partes por los ingleses; su hijo, el futuro Felipe III el Temerario, a su lado trataba de protegerlo de los golpes enemigos: «¡Padre, atención a su derecha!, ¡Padre, manténgase a la izquierda!». Fue capturado y encarcelado en Londres y luego liberado en 1360 a cambio de un gran rescate y la entrega de dos de sus hijos y su hermano, Philippe de Orleáns, como rehenes. Regresa a Londres cuando se entera de la fuga de uno de sus hijos y pronuncia estas palabras que la posteridad ha recordado: «Si la buena fe debe ser desterrada del resto del mundo, debe estar en boca de los reyes». Murió en cautiverio en 1364.

¿Quién no recuerda igualmente a los nueve héroes de Jacques de Longuyon con sus prefiguraciones del caballero cristiano? En su poema «Le vœu du Paon» compuesto en 1312-1313, cita a tres héroes de la Antigüedad, tres héroes del Antiguo Testamento y tres héroes cristianos.

Así como en paralelo, Jean Le Fève de Ressons (nacido hacia 1320 muerto después de 1380), quien elaborará, en su libro *Le Livre de Lëesce*, una lista de nueve valientes: cuatro reinas de la Antigüedad y cinco amazonas. Otros autores modificarán dicha lista citando heroínas del Antiguo Testamento y del cristianismo.

Y Juana de Arco (algunos historiadores creen que la adobaron), a través de su misión divina, ¿no ilumina, por sí sola, la caballería con su santidad para revelar su naturaleza esencialmente espiritual, como ilustra una de sus respuestas durante su injusto Juicio en Rouen: «Señor Dios, primer servido»…

Acabamos de citar a Juana, nos referiremos más precisamente, a un episodio histórico[17] que ocurrió durante la batalla de Jargeau dirigida en 1429 por la Doncella justo después de la liberación de Orleans, que atestigua el espíritu de caballería, incluso durante las

---

[16] Este calificativo, en la época medieval, no tenía el mismo sentido ni connotaciones que actualmente. En efecto, no significaba que fuera generoso y lleno de bondad, si no bravo, valiente; virtudes eminentemente caballerescas.

[17] *Histoire de la chevalerie*, Jean Jos Roy, Editions Mame, 1839.

batallas más duras: un grupo de ingleses comandados por el conde de Suffolk, siendo él mismo caballero, fue acorralado en un puente por soldados franceses dirigidos por el escudero Guillaume Regnault. Viéndose perdido, el conde de Suffolk le preguntó a Guillaume:

—¿Eres gentilhombre?
—Lo soy —le respondió.
—¿Eres caballero? —volvió a preguntar Suffolk.
—Todavía no tengo ese honor.
—Entonces, ¡acércate! —replicó Suffolk.

El joven Guillaume detuvo la pelea como todos los que le rodeaban, avanzó y, a petición de Suffolk, clavó la rodilla derecha en tierra. El conde lo armó caballero, y luego se rindió a él, devolviéndole su espada.

Por supuesto, el conde de Suffolk, que se sabía perdido si continuaba la lucha, no podía resignarse a rendirse ante un simple escudero. Pero, más allá de esta consideración, después de todo accesoria, ¿podríamos concebir, hoy, esta escena en un campo de batalla? A Guillaume no le pasó por la cabeza una traición por parte de aquel al que combatía tan solo un instante antes, ni tampoco a Suffolk sorprender a su enemigo con engaños.

El alma de la caballería y la hermandad que de ella se desprende, más allá de los combates, queda aquí expresada por entero. Ella liga y religa a los hombres marcados por la misma o dignos de ella, incluso enfrentándose en encarnizado combate. El conde de Suffolk hizo entrar al joven Guillaume en la familia caballeresca porque vio en él valentía y franqueza. Y ni el uno ni el otro dejan lugar a dudas de sus intenciones recíprocas. Guillaume se arrodilla ante su enemigo sin temor a un golpe de espada fatal y traicionero, ni Suffolk que este escudero pudiera aprovechar para matarlo o someterlo a la fuerza. La confianza en la palabra dada es total porque está en consonancia con esta sagrada palabra del caballero; en ella late el corazón de la caballería.

La caballería, en efecto, es un estado –un estado del ser– no una decoración, ni la manifestación ostensible de un privilegio social, ya que de privilegio, en verdad, sólo confiere uno (temible; puesto que sitúa al caballero, en primer lugar, ante sí mismo) que es el de servir en el más duro de los combates: tanto los del mundo cuando estos son justos, como los de la ascesis espiritual. Y a menudo se conjugan en la misma batalla.

Es la razón por la que se habla tradicionalmente de orden de caballería (el estado del caballero): a ejemplo de las tres Órdenes tradicionales constituyentes poco más o menos el conjunto de la sociedades humanas tradicionales, como historiadores y sociólogos las han estudiado: Oratores, Bellatores y Laboratores. Estas tres Órdenes o estados sociales, podríamos decir, expresan y reposan sobre vocaciones (los carismas): orientaciones y capacidad de los hombres en este mundo, lo que no tiene nada que ver con la noción moderna de clases sociales fundamentadas esencialmente en la capacidad financiera.

La caballería encarna, en el Occidente cristiano, el principio y la quintaesencia de este estado de Bellatores, segundo orden o nobleza, elevado e «iluminado» en el sentido pleno del término por la espiritualidad cristiana de la que se presenta también como el brazo protector.

Este estado caballeresco es mucho más que una «posición social», antes al contrario, y como acaba de ser dicho, es un estado del ser, es decir de conciencia, de despertar, de responsabilidad induciendo a un servicio, a una función, «functus», en una sociedad cuya extinción –por muerte o caducidad ligada a la pérdida de nobleza esencial– es expresada por el término de difunto: «defunctus», literalmente: sin función.

Es por lo que este apelativo de Orden de caballería calificando de manera muy exacta y únicamente lo que transmite el adobamiento –sin el cual no existe ningún verdadero caballero, sea cual sea su nacimiento– debe ser distinguido de la noción de Orden caballeresca, en el sentido de las Órdenes de caballería; Órdenes soberanas o dinásticas y que presuponen, justamente, que existe una orden de caballería (un estado caballeresco) a transmitir y a hacer vivir de manera específica a través de una regla en una confraternidad particular. El color del manto y las insignias cosidas al mismo (por lo general la cruz que orna el lado izquierdo) traducen entonces los carismas propios a estas Órdenes, sus votos; luego su vocación. Dedicamos un capítulo a estas Órdenes caballerescas.

En su principio esencial –en su raíz ontológica deberíamos decir– la caballería, el orden de caballería, tal cual es transmitido y recibido por el adobamiento estrictamente personal, se presenta como el principio y el cumplimiento de toda auténtica aristocracia; da sentido y capacidad a toda alma noble (el verdadero gentilhombre o la verdadera dama) cuya orientación innata le hace presentir que pertenece a su onda y que aspira a asumir las obligaciones.

Ya que, en su realidad interior, que la fundamenta e inspira, la caballería asume una vocación espiritual en el marco cristiano, vocación a la que algunos son llamados, tanto hoy como ayer.

Esta vocación es un camino sacrificial, no únicamente porque el caballero acepte el posible sacrificio de su vida en los combates (lo que la caracteriza como vía heroica) sino que en primer lugar, como toda vía espiritual, porque edifica al ser que la cumple para resituarlo en Dios: «sacrum facere» significa literalmente consagrar. La vocación del caballero incluye restaurar lo que de sagrado hay en él y llevarlo al mundo; en otros términos, combatir el caos del Mal a fin de cooperar en la restauración del orden de la creación, o más exactamente, la creación como orden divino.

Es por esta razón que en primer lugar está al servicio de la viuda y el huérfano, de los pobres y enfermos; en otros términos al servicio de todos los desamparados que no detentan ningún poder ni potencia temporales para defenderse por sí mismos.

El caballero se modela así de acuerdo al Sacrificio divino y se presenta como una «Imitatio Christi», lo que no debe sorprendernos, puesto que numerosos textos medievales presentan a Cristo como el arquetipo del caballero: «Porque el Hijo del Hombre no vino para ser servido, sino para servir, y para dar su vida en rescate por muchos.»[18]

La vocación caballeresca se afirma como una de las expresiones de los carismas, es decir, de los dones particulares que, según san Pablo, el Espíritu Santo insufla a cada uno en el seno de la unidad de la Iglesia para el servicio del bien común. Carismas a la vez múltiples y complementarios, siempre a medida de aquellos que los reciben a fin de cumplir y fortalecer su ministerio personal: recordaremos, a todo fin útil, que ministerio significa servicio.

La caballería, en esta perspectiva, constituye una verdadera vía iniciática en el sentido que revela el ser a sí mismo y lo edifica según el plan divino existente para él, con tal que el interesado sepa y quiera, libremente, responder a esta vocación y mantenerse en ella, en todos los sentidos de la palabra.

Es preciso entender este término de «iniciático» depurado de las connotaciones que lo desnaturalizan, sobre todo desde el siglo XIX, para comprenderlo en su significado basado en su raíz latina –*initium*–, que es doble: por una parte, comienzo, debut y, por otra, principio, fundamentos originales, luego lo que es del interior, del corazón. El verbo latino *initiare*, por su parte, significa instruir (luego, transmitir) y comenzar. Así, este término califica la iniciativa del ser que responde a la llamada que el Señor le lanza –como la lanzó en las orillas del lago Tiberíades a Pedro y a su hermano Andrés: «Venid en pos de mí...»[19]– y que desea permanecer en su presencia.

Expresa así los primeros pasos, el comienzo en la vía, en el camino de descubrimiento y realización de uno mismo y del reencuentro con Dios –este santo Reencuentro que se hace siempre

---

[18] Mc X, 45
[19] Mt IV, 18-19; Mc I, 16-18.

cara a Cara y solo a Solo. Acaso Cristo no ha dicho de él que era justamente el Camino, la Verdad y la Vida…

Significa igualmente que la caballería no se decide por sí misma (nadie puede decidir que es caballero) ni por nacimiento, sino que debe ser transmitida por un caballero y, en corolario, que el nuevo adobado debe aprender y hacer suyas la dimensión cristiana y las reglas de la caballería.

Este término refiere de igual manera a la interioridad, a la escucha del corazón (del Sagrado Corazón) de la Palabra que uno sólo oye en el desierto, dicho de otro modo retirándose en silencio en este «lugar cardíaco» y secreto de su propio corazón, lo que significa en lo más íntimo y recóndito de su ser, en su radicalidad ontológica para alcanzar la plenitud de la fe que consagra el retorno al principio, es decir a Dios, a aquél que es, como ha revelado, el alfa y el omega, el primero y el último, el comienzo y el fin.

Precisamente, la Virgen María, contemplando los misterios de Dios que acababa de ofrecer al Mundo, «guardaba todas estas cosas, meditándolas en su corazón»[20].

Con su ejemplo, María revela una vía mayor para creer en la fe, la esperanza y la caridad y, así, enseña y protege al caballero que, por naturaleza, le está consagrado y le es servidor.

Esta referencia a María nos lleva de manera natural a recordar que la Dama, así pues la mujer cumplida, tiene un lugar eminente en la sociedad caballeresca. Es conocido su papel mayor de inspiradora en la vía mística del caballero; de despertadora a los Misterios de la obra de Dios, especialmente al alma de la naturaleza con la que está en comunión privilegiada, al igual que su soberanía en las Cortes de amor cortés.

Sin su Dama, el caballero se encuentra privado de su acuidad para captar lo que Dios murmura a su alma: la dama es la clave de la armonía del caballero. Pero conviene recordar que, tradicional-

---

[20] Lc II, 19.

mente, las Damas fueron armadas caballeros y que algunas de ellas, a su vez, adobaron. Se tiene tendencia a olvidarlo, pero sí, la caballería, y tanto más en su dimensión espiritual, es una vía que llama igualmente a las mujeres, con tal que ellas presenten las cualificaciones requeridas. Dedicamos por otra parte un capítulo a este asunto.

Unas palabras más todavía, sobre este calificativo de iniciático para evocar la búsqueda espiritual del caballero, su camino aventurado, retomando la expresión de las novelas artúricas.

Era tradición que todo caballero oyera misa lo más a menudo posible y rezara cotidianamente. Por otra parte, las Órdenes caballerescas fundadas en Tierra Santa establecieron una Regla de vida espiritual para el uso de sus miembros que conjugaba su estado de soldado y de monje. Cuando estas Órdenes fueron secularizadas, estas Reglas fueron mantenidas, aunque adaptadas al nuevo estatus laico de los caballeros, en particular teniendo en cuenta que podían tener una vida familiar. Estas Reglas se entendían como un ordo (una secuencia ordenada) de ejercicios espirituales apropiados a la preparación, tanto de la comunión eucarística, como a «prolongar» los efectos de la gracia, por formularlo así.

Citamos en particular, la Regla de la Orden de San Lázaro de Jerusalén y, a título de ejemplo contemporáneo, la de la Antigua Orden Real y Soberana de la Estrella y de Nuestra Señora del Monte Carmelo[21] que comporta una Regla específica de vida cristiana para el uso de sus miembros, la cual fue validada por su Protector espiritual.

El objeto de estas Reglas es el de ordenar, así como armonizar, en una comunión que trascienda la presencia física de los caballeros, la plegaria y la meditación de cada uno a fin de alimentar un diálogo permanente con el Señor. Podría decirse que estamos hablando de una vía mística, lo cual es cierto, particularmente en el

---

[21] Cf. el capítulo dedicado a las Órdenes caballerescas.

sentido etimológico del término que refiere al Misterio cristiano, a su interioridad (etimológicamente en griego, su ἐσωτερικός, *esôterikós*) y al encuentro con él, en otras palabras a su interiorización[22] como conduce al mismo la plegaria del corazón y el rezo del rosario.

Sin embargo, sería erróneo oponer este camino de plegaria que acabamos de citar al llamado camino iniciático (según la diferenciación que se hace en Occidente entre los caminos místico e iniciático) porque, en el marco de la revelación cristiana, si estos presentan diferencias de términos, no hay ninguna distinción de naturaleza entre ellos[23]: su único fin es conducir a donde Cristo, el Verbo Encarnado, pide seguirlo, venir a verlo para permanecer con él; para conducir al Reino de Dios.

> Y volviéndose Jesús, y viendo que le seguían, les dijo: «¿Qué buscáis?». Ellos le dijeron: «Rabí (que traducido es, Maestro), «¿dónde moras?». Les dijo: «Venid y ved». Fueron, y vieron donde moraba, y se quedaron con él aquel día; porque era como la hora décima.[24]

En primer lugar, recordaremos que la comunión eucarística y los ejercicios espirituales —ante todo la plegaria— definidos en las Reglas de vida cristiana citadas, constituyen la base esencial de toda interiorización auténtica, madura y sana de los Misterios cristianos, incluidos evidentemente en el marco de la vía iniciática.

Luego, un punto de capital importancia: esta vía iniciática debe guardarse escrupulosamente de toda desviación, como las desgraciadamente conocidas, en particular desde finales del siglo XIX hasta nuestros días: del Gnosticismo y las doctrinas de la New Age aparecidas en los años 1970, pasando por el espiritismo y otras

---

[22] Podríamos también hablar de la vía del corazón, debiendo entenderse esta en su pleno sentido tradicional: de lo íntimo del ser, su espíritu.
[23] Hemos explicitado toda esta temática, particularmente en nuestro libro: *Chemins du Christianisme – venez et voyez*. Edición española: *Caminos del Cristianismo - venid y lo veréis*, traducción de Ramón Martí Blanco, Ediciones Delfos, Oviedo; 2022.
[24] Jn I, 38-39.

doctrinas y prácticas, en particular aquellas pretendidamente teúrgicas…

En estas condiciones, aquellos de los caballeros a quienes atraiga particularmente el dominio metafísico, pueden completar su ascetismo personal con estudios serios en este ámbito: no sólo los escritos de los santos a quienes la Iglesia ha reconocido haber recibido la iluminación directa del mismo Dios (estamos pensando en particular de los escritos de Santa Teresa de Jesús, conocida como Santa Teresa de Ávila, los de San Juan de la Cruz, Santa Hildegarda de Bingen, y muchos otros), pero también los textos de la mística judía, principalmente este corpus que se llama Cabalá (nombre que significa tradición: lo que se ha recibido pero también lo que se tiene la misión de transmitir)[25], constituyendo en origen la Torá oral recibida por Moisés en el Monte Sinaí junto con la Torá escrita (las Tablas de la Ley).

No debe sorprendernos que el estudio de estos textos espirituales de Israel puedan ser integrados a la vía de interioridad cristiana, ya que Cristo mismo legitima e ilumina esta canonicidad en el seno de la revelación cristiana, incluyéndolos como parte integrante de sus Misterios:

> No penséis que he venido para abrogar la ley o los profetas; no he venido para abrogar, sino para cumplir. Porque de cierto os digo que hasta que pasen el cielo y la tierra, ni una jota ni una tilde pasará de la ley, hasta que todo se haya cumplido.[26]

Hemos de entender con claridad que la Buena Nueva es el cumplimiento de la revelación de Dios a los Hombres de acuerdo a un desvelamiento progresivo, una continuidad o, más exactamente una pedagogía divina (si se nos permite esta formulación) desde Abraham, luego por Moisés hasta la Plenitud de los Tiempos en que se realiza la Encarnación del Verbo divino, Jesucristo, el Me-

---

[25] Hemos desarrollado este tema en nuestra obra «Caminos del Cristianismo» citada en la bibliografía.
[26] Mt V, 17-18.

sías anunciado por los Profetas; puesto que Israel se ha convertido (o todo debería haberse convertido) en Ecclesia.

Esta Cabalá, cristiana de alguna manera, no es otra que la Cabalá judía pero contemplada, en pleno sentido del término, pero a la luz (que es una Persona: Jesús, el Verbo encarnado) de la revelación cristiana, en perfecta aplicación de las palabras de Cristo que acabamos de citar.

La Orden Interior de los Caballeros Bienhechores de la Ciudad Santa del Rito (y Régimen) Escocés Rectificado es un perfecto ejemplo que viene a ilustrar nuestra afirmación –quizá el único, actualmente– de esta caballería iniciática en su sentido preciso a que nos estamos refiriendo, y con total evidencia en la profesión y respeto del conjunto de dogmas cristianos, como sus textos no dejan de recordarnos.

Para comprender la «atmósfera espiritual» de la caballería y la pedagogía de su ascesis, es preciso también entrar con un alma atenta y humilde a los textos medievales que se abren a su secreto con tal que se sea un «buscador» movido por un verdadero deseo cristiano.

Las más conocidos de estos textos son las novelas escritas por Chrétien de Troyes (de 1130-hasta 1180-1190), Wolfram von Esenbach (entre 1170 y 1220), Robert de Boron (finales del siglo XII-principios del XIII) y por autores que han permanecido en el anonimato (como el de «La Queste del Saint Graal», que desarrolló la versión inicial de Chrétien de Troyes). Estos textos a menudo están tomados de la herencia cultural celta, orientándolos a la luz de la revelación evangélica, esta Buena Nueva que renueva todas las cosas por la Encarnación y Pasión de Nuestro Señor Jesucristo, Verbo divino.

Estas novelas son las claves que dan acceso a las distintas modalidades de la búsqueda caballeresca. Ellas presentan, a través de los encuentros y pruebas que surgen en particular para Lanzarote, Perceval, Galaad y el mismo Arturo, en su errancia aventurada en el camino del Grial y de alguna manera su propio camino, una sucesión de hitos simbólicos que expresan la especificidad de la vía heroica en que consiste la ascesis del caballero, el sentido de su servicio y abriendo el oído y la vista del corazón a su entendimiento y cumplimiento.

Algunos de los caballeros de la Mesa Redonda hallan en su camino a prohombres[27], como los denominaban los antiguos autores: se trata de personas, caballeros en ocasiones, habiendo adquirido un alto grado de espiritualidad, de virtudes cristianas y conocimientos que dan al caballero preciosas indicaciones para (re)situarlo «en el recto camino» del Grial; gracias a estos encuentros les es posible orientar, iluminar, rectificar los senderos (más todavía aquellos del espíritu que los del camino material).

Los encuentros con estos prohombres, tienen igualmente por misión transmitir a aquellos caballeros que les parecen con mayor cualificación, los arcanos de la caballería: por ejemplo, el signo del exorcismo efectuado con la espada para liberar o liberarse de los ataques de los ángeles caídos, de las plegarias apropiadas a la hermandad de armas y la manera de rezar, en particular aquella bien conocida en lo sucesivo, de plantar su espada en el suelo, a fin de arrodillarse ante la cruz dibujada por su guarda y empuñadura.

Son una especie de ángeles de la guarda de aquí abajo que ponen también al caballero en un cara a cara consigo mismo, a veces ante sus contradicciones, sus debilidades para aprender a «enfrentarlas» y superarlas, para liberarse de ellas, en realidad.

Insistamos una vez más sobre esta verdad fundamental existente en el seno del cristianismo: estas dos modalidades o vías espirituales se complementan perfectamente; convergen ambas hacia el mismo objetivo: la morada del Señor y la unión a él; pueden por tanto coexistir sucesivamente o simultáneamente en el mismo ser,

---

[27] En francés antiguo *prodome* (término que apareció en el siglo XI), compuesto de *preux*, y de *homme* Designa al hombre valiente, al valeroso, al modelo del perfecto caballero que muestra nobles sentimientos. Luego, en la época moderna, adquiere el significado de hombre sabio, sagaz, experimentado y, como tal, reconocido como experto en un campo.

quedando bien recordado, in fine, que la virtud cristiana absoluta respecto a la cual todo otro conocimiento que hubiera podido acumularse, permanecerá vano, es el amor, la caridad (אהבה *ahavah* en hebreo ; ἀγάπη *agapè* en griego; *caritas* en latín).

> Si yo hablase lenguas humanas y angélicas, y no tengo amor, vengo a ser como metal que resuena, o címbalo que retiñe. Y si tuviese profecía, y entendiese todos los misterios y toda ciencia, y si tuviese toda la fe, de tal manera que trasladase los montes, y no tengo amor, nada soy...[28]

Es el amor de, y en Dios, el que constituye el conocimiento último de Dios, puesto que, en efecto, es su naturaleza misma. Esta naturaleza nos es dada a nosotros por el Misterio insondable de este «sacramento de los sacramentos» que es la eucaristía. En él reside el verdadero *esôterikós* cristiano, el acmé al igual que el corazón de las vías mística e iniciática del caballero, como por otra parte de toda alma cristiana.

El caballero, cuya una de las principales misiones es justamente el servicio al prójimo, en particular en el caso del caballero hospitalario, debe velar para no olvidar nunca esta verdad evangélica.

Vayamos ahora a este Misterio y a este Ministerio de la caballería que habíamos mencionado.

El misterio de la caballería

Queda expresado por su naturaleza singular constituida por tres virtudes mayores y tres paradojas esenciales que caracterizan conjuntamente el «mantenimiento» caballeresco.

Las tres virtudes, situadas en la fuente de la acción caballeresca, calificándola y orientándola son, ya hemos podido vislumbrarlo: proeza, cortesía y honor. Ellas tres forman el sello del espíritu caballeresco –y así pues, toda su nobleza– del sentido de su Gesta y

---

[28] I Cor XIII, 1-2

su dimensión interior. Por supuesto, deben entenderse de acuerdo a su naturaleza plenaria, en otros términos, en toda su dimensión y amplitud espirituales.

Es del todo evidente que estas virtudes se enraízan en las cuatro virtudes cardinales y en las tres teologales, así como en el camino celeste de las Beatitudes, que aparecen como luces y frutos de toda vida verdaderamente cristiana.

– Proeza: consistente en cumplir todas las acciones de la vida (sea esta militar o civil, personal o social) con valentía y preocupación por el bien común, sin temor a los peligros que puedan derivarse de tal acción. Por otra parte, la proeza no ha de ser realizada para sí misma, ni para propia gloria del caballero, sino con abnegación y desinteresadamente.

Sí, se trata ante todo de humildad ya que la hazaña –o alto hecho– es por entero referida al Señor quien, únicamente, le otorga sentido y fecundidad; quién Únicamente, suscita la iniciativa y fundamenta el cumplimiento. Esta humildad, puede entonces conjugarse sin contradicción ni vanidad con el sentimiento de plenitud por el deber cumplido, que da al alma esta alegría espiritual grave y dulce, y exaltante a la fe, que podríamos calificar entonces de humilde orgullo, inspirándonos en la plegaria incluida en un antiguo texto caballeresco:

> Que mi corazón sea sólo alabanza de tu presencia, tanto como me sea permitido ser imbuido por ella, para que de mi debilidad nazca el valor lúcido de ser para siempre tu caballero, el guardián modesto y orgulloso de tu Jardín.

La proeza se presenta bajo dos modalidades:

* La acción exterior (societaria, se diría en nuestros días), por la que el caballero cumple el «deber de su estado», acción que, si ésta es realizada en toda su exigencia y acuidad, llevará el sello del valor, de la magnanimidad –lo que ahora denominamos grandeza de alma– es decir la generosidad en todos los sentidos de este término, que conjuga el don de uno mismo sin escatimarlo (en todos

los sentidos del término) y nobleza de corazón, así pues de la esplendidez que no tiene nada que ver con la fútil prodigalidad ni la complacencia indiferente o cómplice.

«Armado» de este modo, el caballero tiene por función ser defensor de la justicia y la paz (entendidas como hemos indicado precedentemente), así pues, de la armonía resultante, la cual es el sello de Dios, tanto en los cielos como en la tierra.

* La acción interior, más exactamente interiorizada: lo que la tradición de los Padres denomina «la guardia del corazón», la vigilia del alma que aguarda activamente la Venida del Señor y guarda silencio para ahogar el ruido de sus pasos y alimentarse de la manducación de la Palabra: la «ruminatio» o recuerdo de Dios, de la eucaristía, de la adoración del Santo Sacramento.

Así, este acto mayor del caballero –su Gesta– y singularmente del caballero de Orden, al contrario de alejarlo del mundo, lo sitúa en el corazón de la acción, a imitación del monje contemplativo que reúne o mejor recapitula el universo en su celda y cuya oración solitaria concierne, toca y engloba la integridad de la creación: el espacio y el tiempo en un *aquí y ahora* esencial en el que el amor: «caritas» en latín, *agapè* en griego, *ahavah* en hebreo es la palabra clave, la Palabra de Vida.

La cruz de Cristo, de la que la espada medieval desposa la forma, está en el corazón de la caballería.

– Cortesía: no se limita al simple cumplido o la buena educación, sino que traduce un real «mantenimiento» del ser (su orden interior, de alguna manera), consciente de reconocer en el otro el rostro oculto del Señor, testimoniándole atención y benevolencia en sentido cristiano; y se caracteriza, de manera general, por esta elegancia de vida que estamos evocando, que traduce un alma distinguida, sin afectación ni amaneramiento sino siendo la expresión natural de la nobleza del ser.

La cortesía así entendida, da acceso al otro, en el otro, en una mirada que, en realidad, converge hacia arriba, para reunir y ligar este intercambio de miradas humanas en Dios, Padre de cada uno de nosotros, Dios Viviente y todo Amor.

Encontrar y reconocer a otro, al otro, en verdad como al prójimo, en otras palabras captar la alteridad como espacio providencial del amor espiritual y fuente de la fraternidad ontológica entre los hombres, nacidos precisamente de este Único Padre celeste, ¿no es acaso realizar, de alguna manera, el descubrimiento o mejor aún el encuentro del Emmanuel: Dios con nosotros, entre nosotros, en nosotros: Cristo resucitado y descubrirlo en cada uno de nosotros?

La belleza natural y simple de la cortesía, eminente cualidad tomada de la sociedad caballeresca, implica, cuando ésta es auténtica y no disfrazada por un vano manierismo y porque ella rechaza y deshonra toda hipocresía y afectación, una autenticidad de intenciones traducida entonces en palabras y actos.

Esta belleza, movida interiormente por el único amor de los seres (que hace de ello una real acción espiritual o, en todo caso, una de sus manifestaciones concretas) ilumina la cortesía –y a la vez el estado caballeresco de la que la belleza es uno de sus componentes– con el sello de la gentileza, es decir, la nobleza verdadera: «gens» que en latín ha dado, gentil, como en gentilhombre justamente, significa, en efecto, no tan solo amabilidad, dulzura, como lo entendemos actualmente, sino raza, linaje, y así pues nobleza.

Resulta cierto que la cortesía se exalta y se transmite a través de las generaciones, primero por la excelencia en el seno de la familia, de la que los hijos extraen en primer lugar su educación y obtienen sus alimentos espirituales, morales y culturales.

Este comportamiento caballeresco, físico y moral, intelectual y espiritual «da el tono» de la sociedad caballeresca; eleva (o realza) en cada uno devolviéndole sus rasgos primordiales, refiriéndolo, por vía de inmediata consecuencia, a sus deberes fundamentales, vinculados precisamente a su dignidad ontológica.

– Honor: corazón viviente y vivificante de la caballería, se presenta como el origen, el motor y el término o más bien el cumplimiento de las dos virtudes precedentes. Exige, como una conformidad natural del ser, el no faltar nunca a las exigencias que acabamos de evocar, de mantener su palabra de gentilhombre cuando la tenga comprometida y poner únicamente en manos de Dios y la Virgen sus justas acciones, sin pretender apropiárselas por cualquier vana gloria, permitiéndose solamente este humilde orgullo al que antes nos hemos referido, de haber hecho lo «que se debía» en el que la fe jurada se conjuga con el desvanecimiento del ego.

En efecto, el auténtico honor no se demuestra con ostentación, en complacencia de uno mismo, sino que expresa una orientación natural del ser que lo manifiesta como una parte viva de sí. Signo por excelencia de la vida interior del alma caballeresca, el honor, el Bello Hacer, encarna en su esencia un real estado espiritual, de tal manera que podría decirse que, en realidad, no es otra cosa que una oración e incluso una plegaria del corazón.

Dios ha puesto en el hombre, desde el principio, un mayorazgo espiritual creándolo a su Imagen y Semejanza, mayorazgo por el que quedó notablemente distinguido y en virtud del cual recaen así los enjuiciamientos que con derecho puedan verterse sobre él.

La libre conformidad del ser y de sus actos como expresión de su fe (y la exigencia de proeza y cortesía que expresa el carácter caballeresco) lo cualifica como hombre de honor o, en su defecto, en ser desviado y corrompido. Por supuesto, si el sentido del honor tan solo corresponde a aquellos que han recibido la caballería, dicho sentido es sin embargo tan constitutivo y representativo de la misma que, se suele hablar para calificarla, como de comportamiento caballeresco.

«Honor, honos», tienen, en latín, tal sentido plenario que permite captar mejor, porqué la caballería y la nobleza, la auténtica aristocracia del alma, ha tendido siempre hacia lo que se ha convenido en denominar las «bellas acciones», los «bellos gestos» o los «actos de pro».

En efecto, estos dos términos, no solamente traducen la palabra honor, bien entendido, sino que además significan: belleza, ornamento, brillantez. La intuición de esta lengua y del alma caballeresca son tan pertinentes que han comprendido que el honor —que es el cumplimiento fiel de todos los deberes en Dios que los fundamenta y los pide— es así mismo belleza, brillantez del alma del hombre de pro que asume su vocación y más generalmente del cristiano que expresa su fe al igual que su amor que no es otra cosa que la virtud de la caridad.

Por lo demás, el único ornamento que el hombre se lleva con él más allá de la tumba es justamente —y únicamente— el de sus virtudes. Por otra parte, no es acaso lo que expresa esta divisa tan conocida del gentilhombre, resumiendo todo el espíritu caballeresco: *El alma a Dios, la vida al rey, y el honor para mí*, o también, según Blaise de Montluc (1500/1502-1577), Mariscal de Francia, armado caballero en 1544 por el conde de Enghien, hermano de Antoine de Bourbon, sobre el campo de batalla: victoria de Cérisoles, durante las guerras de Italia): *mi espada al rey, mi alma a Dios, mi honor para mí*; dos máximas iluminadas, coronadas por estas palabras de Juana de Arco que ya hemos citado: *Mi Señor Dios, primer servido*.

. . .

Antes de ver cuáles son las paradojas que caracterizan la caballería, conviene recordar brevemente lo que es —y sobre todo lo que no es— la paradoja.

La paradoja se sitúa en perfecta oposición a la contradicción, en particular a la más perniciosa: la contradicción interna, que traduce un fallo intelectual o revela una fractura moral o mental. En sí, la contradicción traiciona al error o la mentira. La paradoja, por su parte, se afirma como la síntesis de lo Verdadero.

En el ámbito espiritual, la paradoja aparece incluso como una vía real. Es la clave que, trascendiendo todo razonamiento y todo discurso, sitúa al corazón y el alma en la inmediatez del sobrecogimiento, en todos los sentidos de la expresión. Esta clave, a semejanza del símbolo, es la única que da acceso a la comprensión intuitiva y, de este modo, a la contemplación.

. . .

Vayamos a continuación a esta naturaleza triplemente paradójica de la vía caballeresca.

Primera paradoja: la caballería afirma a la persona que asume ese estado, y sólo puede transmitirse que a una personalidad afirmada y fortalecida (en la Fe y fuerza de alma).

Esta persona está por completo concentrada y expresada por el blasón, siendo la heráldica la lengua sagrada y natural del alma caballeresca. El escudo armoriado, el flamear de los estandartes, el soplo de las divisas y el impulso de los gritos (en su sentido heráldico, precisamente) exultan y exaltan esta manifestación de la persona y la gloria de sus hechos de armas, de su renombre, de su linaje.

Simultáneamente, piden y conducen a una superación del yo, a una transfiguración espiritual del ser. El blasón toma entonces su verdadero rostro, ofreciendo la clave de los rasgos del alma de su portador, liberándolo de las trampas del ego del «individuo», encerrado en sí mismo, aunque sea en sus propias virtudes.

Segunda paradoja: el caballero, en su esencia, es un hombre dedicado a la búsqueda de interioridad, dicho de otro modo, a la maduración «in corde» de la Palabra del Evangelio. Es un alma orante y meditativa, enraizada en este silencio parturiente del Verbo en sí.

Al mismo tiempo, es hombre de acción en el mundo y, más todavía, es el hombre de armas, en todos los sentidos del término; un hombre de guerra en el seno de los teatros «de operaciones exteriores». Tiene su lugar en medio del tumulto de las batallas y los gritos del combate (violencia y sufrimiento).

Hombre de lo bello (de la Bella Acción), el caballero se encuentra inmerso en el corazón de los horrores de la guerra y del furor de las refriegas. Debe a la vez manifestar la potencia del hombre de guerra y la generosidad de un alma cristiana: ¿No es acaso una manera de entender el grito de guerra: «¡Viva Dios Santo Amor!» de la Orden del Temple?

Tercera paradoja: alma noble y elevada, hombre de acciones brillantes (estos Altos Hechos que antes hemos evocado) de las que se apodera entonces el renombre, el caballero permanece sin embargo humilde de corazón y, como Cristo ha venido, como él mismo ha dicho, no para ser servido sino para servir, igualmente el caballero tras los pasos del Señor, cumple fielmente su servicio (su ministerio).

Caballero, hombre pues a caballo y de caballo, debe poseer el dominio de este animal, símbolo de la fuerza vital y los impulsos físicos, pero también de las pasiones. Ligado a, y designado por este animal que le permite a la vez tomar «altura» y atravesar los espacios, de asegurar y manifestar su estado, sabe por tanto acordarse a cada instante de estas palabras de Cristo: «El siervo no es mayor que su señor».[29]

Es por lo que, es igualmente este hombre que, libremente, por un impulso verdadero y fiel, sabe doblar la rodilla, no sólo, evidentemente y como todos, ante Dios y el Rey (su Lugarteniente, en la Tierra de las Lys y por tanto, el primero de los caballeros de Francia), sino también ante todo sufrimiento, toda debilidad y toda pobreza, que tienen, en verdad, un derecho sagrado sobre él y requieren su corazón y su brazo.

Un auténtico caballero sabe, como bien enseña san Gregorio de Nisa, que en verdad: «La humildad desciende hacia arriba, el orgullo

---

[29] Jn XV, 20

sube hacia abajo». Cierto es que, tanto hoy como ayer, estas virtudes y paradojas se afirman todavía más en el seno de las Órdenes caballerescas. A través de ellas, en particular, el linaje de caballería (por el adobamiento, que concierne tanto a hombres como mujeres), transmite siempre, por una llama perenne e intacta, la luz con la que fue marcada cristianamente.

El ministerio de la caballería

Consiste, ya lo hemos indicado, en la acción caballeresca propiamente dicha, siendo ésta hasta el siglo XVIII esencialmente militar, conjugada, para ciertas Órdenes, con las obras hospitalarias (caritativas, diríamos hoy). En este marco, la caballería, en su principio, es el ejercicio eminente y perfecto (al menos idealmente) de lo que en la Edad Media se designaba bajo el nombre de servicio noble.

Servicio, primero, ya que la presencia de la caballería en el mundo responde a una llamada del Señor y a una necesidad social, la de concurrir al mantenimiento de la paz y la justicia, lo que significa, en primerísimo lugar, una pacificación y una justificación (un descenso de las gracias divinas) al corazón del caballero mismo.

Entonces (al menos virtualmente) restituido a su dignidad primera, a su realeza interior, el caballero puede concretamente cooperar, tanto en el plano espiritual como político (en su sentido etimológico: la vida y gobierno de la Ciudad) y social a la orientación, a la realización y la perennidad de esta paz y esta justicia, las cuales, en su esencia, no son otras que los reflejos —y los efectos— de la divina Providencia.

Noble, pues, porque el sentido aristocrático del deber de estado (estado del ser del que debe tradicionalmente desprenderse el estado social, puesto que éste último presupone y necesita de las virtudes espirituales y morales que fundamentan su legitimidad y garantizan la rectitud) prevé y asume hasta el sacrificio supremo las obligaciones de este servicio, las consecuencias de este auténtico ministerio.

Noble, en efecto, ya que la aceptación, con humildad de corazón pero ferviente y decidida, de este servicio en toda su radical exigencia, traduce la elevación de alma que se produce y le devuelve, de alguna manera, de acuerdo al principio del céntuplo evangélico, la dignidad, luego la nobleza de los orígenes (ontológica).

Lo que la caballería encarna así, en primacía, marca la pauta de lo que debe ser, por definición, todo el segundo orden: la nobleza, en el sentido jurídico y social del término.

Sobrepasarse a sí mismo –olvidarse o renunciarse a sí mismo, en modo teológico– se revela como un despertar a la realización de ese más allá de uno mismo que, en verdad, es algo dentro de uno mismo: la raíz del ser, su naturaleza espiritual encontrando su justo lugar. Es precisamente allí donde se cumple el misterio que evocábamos al principio, que sella la manifestación de la vocación y que la convierte en un auténtico sacrificio, en el sentido etimológico que hemos indicado.

Resulta evidente que este sobrepasarse no tendría ningún sentido, que sería a la vez absurdo y vano si no hubiera, por una parte, alguien a alcanzar: Jesucristo, el cual por lo demás, llama con todo su divino Amor «Venid en pos de mí», «Venid y ved»[30]; y por otra, un «yo» (egótico) ha abandonar y del que liberarse para volverse a (re)encontrar: como verdadera persona, en Cristo. Porque es realmente Cristo quien apremia a responder –por su libre voluntad– a su vocación, tal como él, que es el Verbo, la ha planteado a su alma.

Fuera de estas raíces evangélicas, el estado y la acción caballerescas no tienen Misterio ni Ministerio y se desnaturalizan completamente. Sólo quedarían, a lo sumo, algunos actos glorificando (el ego) pero ninguno de los Altos Hechos que, a través de los actos del caballero, dan testimonio y refieren a la única Gloria de Dios.

---

[30] Mt IV, 19-20; Mc I, 17-18; Jn I, 38.39.

He aquí porqué estas tres virtudes mayores de la caballería que evocamos (proeza, cortesía, honor) fundamentan y forman la auténtica aristocracia; que son propiamente hablando su corazón.

De este modo, la esencia constitutiva y fundadora de la nobleza se afirma como esta naturaleza caballeresca que le permite dar respuesta a las exigencias de su vocación e infundir, por medio del ejemplo y el servicio, estas mismas virtudes en el cuerpo social por entero. En su defecto, fuera de ellas, o peor aún, olvidándolas, la nobleza y más todavía todo caballero se convierte en un cuerpo sin alma y sin fruto.

René de Châteaubriand lo afirma sin concesiones:

> La aristocracia tiene tres edades sucesivas: la edad de las superioridades, la edad de los privilegios y la edad de las vanidades; dejada la primera, degenera en la segunda y se extingue en la tercera.[31]

Enraizado invariablemente en el feliz término medio de la paradoja caballeresca, es decir, para lograr y mantener el equilibrio interno y operativo que ella supone y exige, el caballero debe salir vencedor de la prueba del puente de la espada.

Esta prueba es una de las que figuran en las novelas artúricas. En ella se ve a un caballero, Lancelot, avanzar valientemente sobre uno de los filos de la lama de una gran espada tendida horizontalmente, como un puente, por encima de un abismo vertiginoso a fin de entrar al castillo en que Maleagant retiene a la reina Ginebra prisionera.

La pedagogía de esta prueba es la siguiente.

El abismo que el caballero debe afrontar y atravesar es, en realidad, su propia nada, el abismo de sus propios infiernos. Ahora bien, es sabido que el vacío aturde y atrae; fascina, en su sentido pleno.

Los dos filos de la lama, según la tradición caballeresca, se relacionan con los enemigos exteriores y el enemigo interior. En este

---

[31] Memorias, 1811.

caso, es claramente el filo girado contra el enemigo interior sobre el que pasa (y trata de no traspasarlo) el caballero.

Las virtudes teologales de fe, esperanza y caridad deben fortalecer y guiar su marcha, asegurar su equilibrio y permitirle este franqueo sin dar un paso en falso. Estos pasos serían falsos y falseados, no por un simple error de movimiento por razón de posibles accidentes (del terreno, en este caso del filo), sino porque traicionarían una falsedad de corazón del caballero: un fingimiento, en términos medievales.

Este atravesar, este franqueo, aparentemente horizontal, realiza de hecho una asunción del ser, ya que pasar de un lado al otro, es, en realidad, elevarse de un plano al otro, de la tierra al cielo, de lo físico y psíquico a lo espiritual. Y liberar a Ginebra, es liberar su alma de apegos materiales.

La plena consciencia de esta vía heroica, la integración armoniosa y vivificante de los contrarios (aparentes), es «el arte real» del caballero que lo sublima en rey de su reino interior, llevándolo así a la reconquista se su ser.

En efecto, el cumplimiento de toda vocación es un Amén a la divina Voluntad que propone siempre sin imponer nunca; ella colma al ser de alegría y fuerza porque le revela quién es, dándole así a conocer su verdadero rostro, tal como Dios lo ve y le invita a realizarse: a ser –libremente– aquél que debe ser idealmente como tan bien expresa la máxima de Píndaro: «Conviértete en lo que eres, aprendiendo»[32].

De este modo, haciendo lo que debe, el caballero se cumple. Se reconoce entonces (en el doble sentido del término: objetivo y subjetivo), no ya como en un espejo, sino en la misma mirada de Dios. Es esta mirada la que revelan los blasones en sus más altos significados.

---

[32] II Pítica V, 72

La heráldica, lenguaje simbólico de la Caballería[33]

«Si el blasón prueba la nobleza del nombre que lo lleva,
es la nobleza de corazón quien le hace digno de llevarlo».
(Stanislas Leszcynki,
rey de Polonia 1704-1709; 1733-1736)

En el presente libro dedicado al ideal caballeresco, es fundamental detenernos, aunque sea sucintamente, sobre su lengua específica, la heráldica o ciencia del blasón que la Edad Media nombraba, con razón, el Conocimiento. Volveremos igualmente sobre el tema cuando evoquemos la condición del escudero y la Tabla de espera que le está asignada.

Desde todos los tiempos y en todas las civilizaciones, los hombres han expresado su identidad personal, familiar, militar o de clan, mediante símbolos, particularmente pictóricos.

Los guerreros, en particular, han pintado sus escudos, y en ocasiones su cuerpo, con figuras emblemáticas y totémicas: Grecia antigua, legiones romanas, guerreros germánicos, celtas, escandinavos, amerindios, africanos o de las islas del Pacífico, samurays...

Estos símbolos eran percibidos, no como simples alegorías, sino como manifestaciones sensibles y «encarnadas» de lo verdadero, de lo trascendente, dicho de otro modo como portadores y vectores de una presencia tutelar, natural o divina.

Esta tradición está ancorada en el espacio y tiempo de la humanidad. Ella concierne a todas las civilizaciones, desde las sociedades chamánicas y totémicas hasta aquellas otras portadoras de una dimensión propiamente espiritual.

En Europa, desde comienzos del siglo XII, la heráldica, con sus reglas precisas, se impuso inmediatamente como la lengua de la caballería, más exactamente como su lenguaje simbólico, y así pues sagrado, que calificaremos de herme(né)utico.

---

[33] A aquellos que esta cuestión interese pueden remitirse a *La Vía del Blasón* y a *Luces y Secretos del Blasón* citados en la bibliografía al comienzo de este libro.

Al crear este término, uniendo hermético y hermenéutico, pretendemos enfatizar que la ciencia del escudo de armas es a la vez un lenguaje hermético: por un lado, en cuanto que permanece cerrado a aquellos que no se han iniciado en él, por el otro, en que integra, de alguna manera, el simbolismo de las obras de Hermes, por tanto las ciencias tradicionales de la Naturaleza, así como incluye una dimensión hermenéutica, recordando de pasada que dicha dimensión, consiste en la interpretación de los textos, particularmente de textos sagrados. Lo cual no debe sorprender en este caso ya que, en su sentido más alto (por lo tanto, el más interior) las particiones, figuras y colores del escudo reflejan la vocación espiritual de su portador y son irisaciones de las orientaciones de su alma.

La sapiencia (arte y ciencia unidos) del heraldo de armas al igual que la del caballero que domina el lenguaje de su «corporación» o hermandad de armas, codifica (edifica, en lo que concierne específicamente al heraldo, siendo esta una de sus funciones) y descifra (penetra en el misterio de los símbolos que en ella figuran) las armerías con que se encuentran y los confrontan, en todos los sentidos de esta locución.

Es por lo que resulta justo calificar de heráldica –también denominada hasta el siglo XVIII, noble ciencia, ciencia heroica o, más cercanamente ciencia del blasón– como el lenguaje clave de la caballería que abre o sella los Misterios que ella revela; aquí, una vez más, en el doble sentido del término: mostrar y cubrir o velar de nuevo, como hace todo símbolo.

Se trata así, de la expresión originaria y original propia del Occidente cristiano para traducir esta dimensión espiritual, al igual que social y «fijarla» –pero no inmovilizarla– de acuerdo a unas reglas tan precisas como significantes, que no se encuentran en ninguna otra parte.

En su origen, el blasón o escudo armado era llevado únicamente por el caballero, los miles Christi (soldado de Cristo), inscrito, en el seno de la sociedad feudal, en una vocación espiritual al igual que militar. Era personal a su portador, no hereditario. Muy pronto, el derecho heráldico se extendió al conjunto de la Nobleza y luego más adelante a los dos otros Órdenes sociales[34] (Clero y Tercer Estado). A partir de entonces se convirtió en hereditario, el renombre de quien había sido juzgado digno «al comienzo» pasaba a convertirse en el fondo patrimonial de su linaje.

El blasón del caballero, concentra y revela su «virtus» que connota fuerza y virtud moral, valentía y fe, poniendo en perspectiva o en cumplimiento –lo que en este caso viene a ser lo mismo– su vocación particular en el seno de la vocación general de la fraternidad caballeresca, a su vez enraizada en la espiritualidad cristiana.

El blasón del caballero –sus armas, porque ellas lo defienden y lo afirman a la vez– encarna su vocación singular en el seno de la hermandad caballeresca y así pues, de su devenir ya presente gracias al poder del trazado de las armerías.

En este aspecto, la unión primera, en el doble sentido de una primacía espiritual y de una cronología histórica, de la caballería y la heráldica no debe sorprendernos: el blasón es el lenguaje espiritual de la caballería teniendo por misión fijar[35] el fuego de potencialidades y la memoria de los altos hechos, afirmando a la vez la exigencia de un cumplimiento ininterrumpido de los mismos. Esta es la naturaleza y el destino del gentilhombre: «*nobleza obliga*».

Antes de toda acción de lucimiento personal, antes incluso de ser signo de reconocimiento individual, familiar o de Orden en las batallas, los torneos y el conjunto de manifestaciones de la vida social, el blasón traduce el humilde deseo del caballero de inscribir su vida, y así pues sus colores, a la Luz del Señor; de servir de

---

[34] Decimos, precisándolo, Órdenes (societarios) y no clases sociales ya que esta tripartición de las sociedades tradicionales no tiene nada en común con esta definición absolutamente moderna, esencialmente fundamentada en las ganancias, «da superficie financiera», incluso si esta tiene una incidencia no desdeñable en el entorno socio-cultural, precisamente.
[35] Este verbo posee un triple sentido: orientar, mirar, ligar.

acuerdo a los dones recibidos tomando apoyo e impulsando el vuelo a partir de estas armerías en los momentos más difíciles.

Misterio de la vocación única de cada uno en el seno de la hermandad humana y eclesial; única pero complementaria de todas.

Así mismo, llevar un blasón, es vivirlo: tener con él un vínculo natural y profundo; llevarlo ante todo en uno mismo. Podrá hablarse así de su resonancia (en todos los sentidos del término) en el ser.

Es un vínculo exigente que sitúa sin cesar a su portador ante él mismo y ante el mundo; que implica pues el mantenerse «a su altura» para hacerse digno de él en cada uno de los días; hacerle honor, en su sentido más profundo.

Un blasón sitúa continuamente a su portador en esta encrucijada de caminos, a que a menudo nos hemos referido: el lugar, el instante preciso de la elección; crucial, justamente. Cruz de Salvación, que reúne en su corazón u ocasión de descuartizamiento y dispersión.

Vivido de esta manera y, por supuesto, respondiéndole con valentía y fe, el blasón hace crecer moral y espiritualmente a aquél que lo asume con fidelidad y humildad. Es a la vez raíz e impulso, pero no es más que vanidad y falso pretexto para aquel que lo traiciona u olvida las vías, haciendo que, el retrato ideal de su portador al mediodía de la luz del Señor, se eche a perder (en todos los sentidos de la palabra) en fúnebre y siniestra caricatura.

¿Qué conclusiones extraer de esta singular naturaleza de la Caballería?

Primero, ésta: el camino de caballería, en la medida que es esencial a las almas que están cualificadas para ser admitidas y cumplirse en él, es eterno. Siendo eterno, su actualidad continúa siendo imperiosa.

En estos tiempos de confusión y perversión mentales, morales intelectuales, culturales y espirituales, este camino es más que nunca el testimonio vivo de los valores del que son portadores hombres y mujeres que han respondido a esta misión a la que estaban llamados. Su acción es entonces, no solamente un acto justo y por consiguiente eficiente, sea cual sea el resultado en este mundo, sino también —y ante todo— una acción de gracias.

Después, ésta: en su radicalidad ontológica, el caballero es guardia y vigilante en las murallas y fronteras de los mundos (celeste y terrestre); en esto, es claramente este miles Christi (soldado de Cristo), compañero de armas de los ángeles, combatiendo a su lado, bajo la protección de San Miguel Arcángel, patrón de la caballería, contra las manifestaciones del Mal y la mentida.

No obstante, el caballero no debe nunca olvidar que la verdadera guerra (santa), la auténtica cruzada es aquella, totalmente interior, que se libra en uno mismo, contra el ego, siempre dispuesto, a ejemplo del caballo, a los despistes imprevisibles y funestos, y que toda verdadera victoria es siempre la del Espíritu que es Amor.

Finalmente, esto: a la vista de su doble dimensión espiritual y temporal, particularmente hospitalaria, puede afirmarse que la vía caballeresca es un auténtico camino hacia la santidad, siempre y cuando, uno se comprometa en ella con verdadero deseo, valor e inteligencia de la fe y la fuerza de la caridad.

No podemos concluir este capítulo sin recordar in extenso esta exhortación tan conocida de san Pablo[36] que se dirige, por supuesto, al conjunto de los cristianos, aunque singularmente, estaremos de acuerdo en ello, a aquellos que sus carismas llaman al servicio caballeresco:

---

[36] Ef VI, 10-18

Por lo demás, hermanos míos, fortaleceos en el Señor, y en el poder de su fuerza. Vestíos de toda la armadura de Dios, para que podáis estar firmes contra las asechanzas del diablo.

Porque no tenemos lucha contra sangre y carne, sino contra principados, contra potestades, contra los gobernadores de las tinieblas de este siglo, contra huestes espirituales de maldad en las regiones celestes. Por tanto, tomad toda la armadura de Dios, para que podáis resistir en el día malo, y habiendo acabado todo, estar firmes.

Estad, pues, firmes, ceñidos vuestros lomos con la verdad, y vestidos con la coraza de justicia, y calzados los pies con el apresto del evangelio de la paz. Sobre todo, tomad el escudo de la fe, con que podáis apagar todos los dardos de fuego del maligno.

Y tomad el yelmo de la salvación, y la espada del Espíritu, que es la palabra de Dios.

Orando en todo tiempo con toda oración y súplica en el Espíritu, y velando en ello con toda perseverancia y súplica por todos los santos.

Presentamos a continuación una iconografía medieval que corresponde perfectamente a esta exhortación del Apóstol: en ella puede verse a un caballero que lleva en el escudo de armas el Scutum Fidei al igual que todas las principales armas simbólicas de la caballería y de su combate tanto espiritual como temporal.

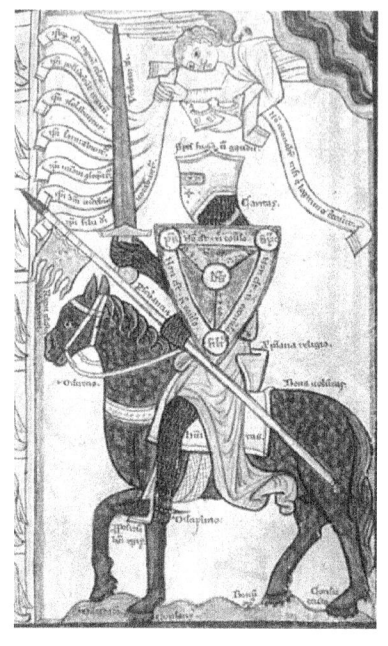

El *scutum Fidei* (Escudo de la Fe en latín), también dicho *Scutum [Santae] Trinitatis* («escudo de la [Santa] Trindad») es un símbolo cristiano tradicional que ilustra la doctrina de la Trinidad. Bajo una forma geométrica, retoma la primera parte del texto de confesión de fe en la Santa Trinidad atribuido a san Atanasio (298-373) del que algunos dicen precede al Símbolo de Nicea (I° Concilio). Este tipo de dibujo aparece en el curso de la Edad Media, en manuscritos como en iglesias, a fines de enseñanza y ornamentación. Este tema se encuentra en forma de bajo relieves, pinturas o vitriales.

He aquí igualmente un ejemplo «parlante» (por retomar el lenguaje heráldico):

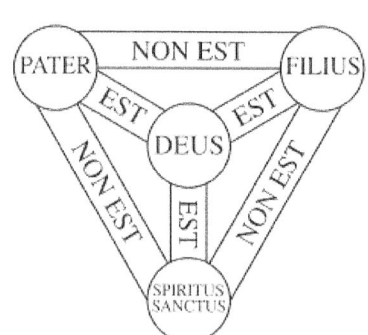

Figura igualmente en ciertos blasones como mueble heráldico, entre otros en las armerías atribuidas a la Santa Trinidad: a menudo de azur −o gules− con el *Scutum Fidei* de plata.

EL ESTADO CABALLERESCO
LA NATURALEZA MILITAR DE LA CABALLERÍA

> «¡Adelante, gentil[37] duque, al ataque!
> No dudéis, el momento ha llegado,
> cuando le place a Dios».[38]

Esta orden terminante de Juana de Arco al duque de Alençon debió resonar en el corazón de todo caballero; es en el impulso y bajo el patronazgo de esta exhortación que decidió lanzarse, tanto en su acción militar como en su encaminamiento cristiano.

Resulta esencial, y más hoy en día cuando es fácil olvidar o subestimar su alcance, el considerar detenidamente esta dimensión inherente a la caballería y que, además, persiste en el calificativo Militar constituyendo uno de los dos componentes del nombre de la dos Órdenes de Caballería inicialmente fundadas como Hospitalarias en Tierra Santa antes de las Cruzadas y que se militarizaron después de la primera cruzada, por lo tanto, antes de las Órdenes Militares y Hospitalarias. Se trata de la Orden de San Lázaro de Jerusalén y la Orden de San Juan de Jerusalén (dicha

---

[37] Recordaremos que *gentil*, en la Edad Media, califica a una persona salida de una familia noble, no como hoy, que tiene una connotación de amable, dulce, condescendiente.
[38] Antes de la batalla de Jargeau, el 12 de junio de 1429, Juana de Arco puso fin con determinación a las vacilaciones de los capitanes, en particular a la dilación del duque de Alençon que consideraba prematuro el ataque. Será él mismo, por lo demás, quien evocará estas palabras que Juana le dirigió entonces: «La misma Juana me dijo:...».

de Malta desde su establecimiento en dicha Isla desde el siglo XVI hasta 1798).

En efecto, este calificativo de militar, independientemente de su ejercicio real y concreto en el curso de la Historia y hasta finales del siglo XVIII, traduce una dimensión de su ser, de su objeto, de su acción. En una palabra, de su vocación, espiritualmente y secularmente entendida.

Esta naturaleza militar está inscrita en la caballería, es su ADN podría decirse. Así mismo, no hay que perderla de vista nunca, bajo pretexto de las condiciones contemporáneas que han suprimido el inmediato y concreto ejercicio.

Ciertamente, la modalidad de expresión de este estado y esta vocación militares ha cambiado desde la creación de la potencia estática imperial y luego republicana en Francia desde el siglo XIX y de acuerdo a la evolución histórica de los otros países en que la Orden está presente. En cualquier caso, esta última ya no tiene derecho ni puede, hoy en día, realizar directamente operaciones militares en el sentido jurídico/legal del término.

Pero esto no significa en absoluto que este calificativo subsista únicamente a modo de piadoso recuerdo; como una especie de homenaje a lo que fue, una respetuosa o nostálgica supervivencia desprovista de toda realidad objetiva y así pues, de alguna manera, una apelación abusiva o que se preste a la sonrisa benevolente.

Muy al contrario, este nombre, este calificativo es de una realidad perenne y totalmente justificada hoy ya que expresa una realidad que, por haber cambiado de modalidad, no ha cambiado de naturaleza. Todo aquel que ingresa en la cofradía caballeresca y en particular en una Orden de caballería debe familiarizarse con ella, asumirla y conformarse a ella.

Con la dimensión espiritual, es decir, la profundización en la fe, cada caballero por su parte, pero también en el seno de las Órdenes citadas, gracias al acompañamiento colectivo de los miembros por sus capellanes, este carácter militar es lo que fundamenta y expresa la diferencia entre una Orden caballeresca y un club de servicio como los Lion's o los Rotary, por ejemplo o como asociaciones caritativas como la Cruz Roja o parecidas.

Esta dimensión militar debe ser, en nuestros días, manifestada en su espíritu constitutivo, dicho también su principio, del que recordaremos lo esencial, a la vez en lo cotidiano de la vida y, para aquellos pertenecientes en particular a las dos Órdenes Hospitalarias que hemos citado, en las actividades específicamente vinculadas a su compromiso en la Orden; por su adhesión total a estos valores caballerescos que impregnan la acción militar justa y legítima de todo verdadero soldado y de toda unidad combatiente digna de este nombre, tanto hoy como ayer.

¿Cuáles son estos valores, estas virtudes estrictamente hablando?

Coraje, disciplina, abnegación, tenacidad en el cumplimiento de las misiones confiadas, resiliencia ante las pruebas, respeto a los hombres, fidelidad a las promesas de los compromisos contraídos libremente, por citar tan solo estos y que en términos caballerescos pueden concentrarse en el tríptico: honor, proeza y cortesía (éste último término entendido en un sentido más profundo que el de la simple buena educación ya que expresa una dimensión verdaderamente espiritual como hemos explicitado anteriormente).

El comportamiento general de cualquiera que haya recibido la caballería debe responder sin tibieza ni compromiso a esta exigencia que conforma la marca del soldado, de su nobleza, así como de los constituyentes intrínsecos del estado caballeresco.

Este comportamiento o más exactamente este mantenimiento — en todos los sentidos del término-deben generar así, particularmente en el seno de una Orden de Caballería, una actitud dinámica, voluntariosa también, a través de la reactividad y la proactividad de cada uno en el marco del respeto a la jerarquía, el conjunto inscrito en la confianza y la amistad compartidas pero excluyendo sin embargo todo relajamiento y toda familiaridad.

La espada, signo del estado caballeresco

Junto a las espuelas doradas, la espada es el símbolo mayor de la caballería, con el manto de caballería de Orden; de igual modo, el porte de la espada ha sido siempre privilegio del gentilhombre, en principio dedicado al servicio de las armas.

Tradicionalmente, y por supuesto todavía en nuestros días, cuando su adobamiento, los caballeros reciben este insigne honor de llevarla a su lado cuando visten el uniforme de la Orden caballeresca que los ha recibido. Por este hecho, contraen la doble obligación de tener presente cuál es el símbolo de esta espada y saber manejarla con una mínima destreza y conocimiento de usos militares.

Es un respeto esencial que se debe hacia esta arma tanto material como espiritual y, a través de ella, a aquellos que, en tiempos no tan lejanos, han combatido y muerto, espada (o sable) en mano.

Era común, durante la época medieval, que ciertos caballeros tuvieran una reliquia engastada en la empuñadura de su espada. También era tradición que cada caballero bautizara su espada con un nombre que tuviera valor de referencia espiritual como parte de su camino personal.

Recordaremos el nombre de la espada de Roland: Durandal; de la de su compañero, Olivier: Hauteclaire; la de la coronación del Rey de Francia, conocida como espada de Carlomagno: Joyeuse; la de Guillaume II conde de Angulema conocido como Guillaume Taillefer [Guillermo Cortahierro]: Courtoise o Cort; y el nombre de espadas legendarias como la del Rey Arturo: Excalibur y la de Lancelot du Lac: Arondight (o Aroundight). Esta tradición del nombre de la espada o sable existe en muchas civilizaciones: celta, germánica y nórdica, islámica, china y japonesa.

Hemos mencionado antes el Antiguo Orden Real y Soberano de la Estrella y de Nuestra Señora del Monte Carmelo, este Orden se inscribe en esta tradición secular y su espada de Orden (llevada por el Capitular cuando las ceremonias) está bautizada como Victrix.

Finalmente, no olvidemos la espada de Fierbois, la espada principal que lució Juana de Arco de la que, Juana durante su juicio, explicó que había tenido comunicación a través de sus voces para excavar debajo del altar de una capilla dedicada a Santa Catalina de Alejandría en Fierbois (Indre-et-Loire) donde, según la leyenda, fue depositada por Carlos Martel tras su victoria contra Abd al-Rahman en Poitiers en 732. Esta espada estaba adornada con cinco cruces. No se sabe qué fue de ella ni dónde está.

En nuestro quehacer diario

La caballería, durante un tiempo con un claro protagonismo en la sociedad donde desempeñó un papel eminente y directamente operativo (en términos militares contemporáneos) pero que, insospechadamente, no ha dejado de existir a pesar de que ya no esté legal y oficialmente presente en los campos de batalla.

Ya que; si, independientemente de su compromiso militar, la caballería ya no tuviera realidad ni eficiencia, vano sería el mantenimiento de Órdenes caballerescas hoy en día subsistentes, sean estas dinásticas o soberanas. Ya no habría transmisión del estado caballeresco, ausencia de su carácter y de las gracias que de él se derivan (en el sentido teológico de estos dos términos). El adobamiento sería tan sólo una cáscara vacía, un simulacro irrisorio.

Estas Órdenes, esta caballería no serían entonces más que simples y vanas decoraciones: a lo sumo, el reconocimiento de determinados méritos personales, ciertamente, pero sin más y se asimilarían a las Órdenes y decoraciones nacionales propias de cada país. Ninguna otra dimensión, ninguna otra vocación o misión más que ésta.

La «virtùs» del caballero estaría definitivamente ausente, difunta. Al respecto, cabe destacar que en latín, «de-functus» significa ante todo: fuera de función, que ya no tiene ningún papel; que por lo tanto está muerto, de alguna manera, a lo que fue su anterior.

Sin embargo, la caballería está muy viva y con la fuerza de su intrínseca juventud, porque el alma del caballero es a la vez –debe ser– la del sabio y virtuoso Prohombre y la de la juventud del ser en tanto que encarna el impulso espiritual tejido por la alegría y la confianza en el Señor. Así es como debemos entender esta parábola de Cristo:

> Pero Jesús dijo: Dejad a los niños venir a mí, y no se lo impidáis; porque de los tales es el reino de los cielos. Y habiendo puesto sobre ellos las manos, se fue de allí.[39]

Sí, la caballería, en su naturaleza y su acción, no es únicamente militar, sino también y, podríamos precisar, ante todo espiritual. O más exactamente su naturaleza militar es indisociable de su dimensión espiritual cristiana. Estos dos elementos constituyen, podríamos decir, su ADN.

Quién no comprende, descuida o rechaza uno de estos dos elementos, descuida o rechaza inexorablemente al otro. La caballería se presenta pues, como un modo de realización espiritual cristiano de acuerdo a las enseñanzas de san Pablo sobre los carismas que hemos mencionado.

La puesta en práctica de las virtudes militares que acabamos de evocar debe ser el permanente deseo y el indefectible enraizamiento de quien ha recibido el adobamiento, sea hombre o mujer. Es así únicamente que se merece, a ojos el Señor, el estado caballeresco.

Es imprescindible captar y vivir el espíritu que anima estas virtudes más allá de las modalidades de su ejercicio temporal en el curso de los tiempos. De tal manera que, cada uno pueda frente a terceros y, para los miembros de una Orden, de su jerarquía, de sus cofrades, responder tanto a lo que se le pide por el bien de dicha Orden, como para el bien del prójimo, en perfecta aplicación de estas virtudes y valores de las que ha jurado dar ejemplo.

---

[39] Mt XIX, 14-15.

Los militares de carrera (activos u honorarios), los reservistas, los civiles pero que pasaron por el servicio militar, en particular los que hicieron «la mili», naturalmente tienen experiencia de este estado de ánimo, de este requisito particular; dentro de las Órdenes de caballería, es importante que aquellos a quienes las circunstancias de la vida han alejado del mundo militar, se impregnen de su espíritu y especialmente en su ejemplo, de este saber estar.

Por otra parte, la profesión de estos valores no está alejada de aquello que puede ser exigido a cualquiera para «*hacer lo que debe*» como lo anuncia el adagio medieval. Pero con la diferencia notable que el militar se conforma siempre a ello, tanto ayer como hoy, a riesgo de su vida e integridad física. Quizá no deba excluirse que los acontecimientos de la Historia, llegado un día, lleven a cualquier caballero, en primer lugar, a los miembros de una Orden como los de San Lázaro de Jerusalén y San Juan de Jerusalén en tal situación que tengan que recordar su juramento.

En esta condición esencial de que todos comprendan su carácter exigente y se propongan de todo corazón cumplirlo, el carácter militar es y seguirá siendo significativo y justificado, cualesquiera que sean las condiciones sociales e históricas.

Corresponde pues a todos los caballeros contemporáneos, tanto en su acción individual como colectiva en tanto que miembros de una Orden caballeresca, el hacer vivir y honrar esta cualidad militar en memoria y bajo la mirada tutelar de sus antecesores que fueron, en su tiempo, fuerzas combatientes de élite; auténticos soldados y caballeros de pro.

El estado de caballero, ya que se trata claramente de un estado en el sentido ontológico del término, en devenir o cumplido, no es reducible al pasado, en particular a la época medieval o feudal. Dicho estado se conjuga y se vive siempre en presente, en el Mundo de hoy.

No es la cota de malla, la armadura ni tan siquiera la espada (por bien que ella sea el signo más noble y más permanente) las que construyen o justifican al caballero y lo designan como tal, son sus acciones las que, por sí mismas, son los frutos de su ser en su íntimo, en su «orden interior», por así decirlo, para hacer acogimiento en él del Verbo divino, a imitación de la Virgen María.

Además, el caballero contemporáneo ciertamente no es un recreador del pasado, por comprensivo y escrupuloso que este último pueda ser en su investigación histórica, particularmente en sus trajes y uniformes.

He aquí que, el caballero de siempre, en los combates a lo largo de los tiempos, en cualquiera de sus modalidades y las armas que requieran, como en los combates del alma que son otro campo de batalla, interior éste, pero no por ello menos cruento. Para el primero de los combates, estas apariencias, en el pleno sentido del término, estas necesidades circunstanciales cambian a lo largo de los tiempos, pero el alma del héroe no varía.

Sus virtudes (*vir*, es también *la fuerza* en latín) permanecen inalterables, inmutables, intemporales y son exigidas tanto en nuestros días para recibir el adobamiento, como lo eran antaño.

Hombres y mujeres de nuestro tiempo viven este Ministerio de la caballería en mitad de la sociedad contemporánea, que mira extrañada, incluso hostil en su gran mayoría al Misterio de esta llamada, de esta vocación.

En el seno de esta sociedad moderna, quedan solo los militares (en activo, reservistas u honorarios), que pueden todavía entender ésta vocación y viven sus valores y el compromiso que ella exige, a riesgo de su vida y de su integridad física; riesgos de los que tenemos muchos ejemplos que sólo la Historia recuerda o que sólo conocen quienes fueron sus actores o testigos. Y… Dios.

Para terminar, un punto esencial que no hay que olvidar jamás: el estado caballeresco y, por ampliación, la condición militar, inducen una doble exigencia, sea cual sea la época: la del cumplimiento de la misión confiada, la cual reposa sobre el valor, el posible sacrificio y el honor en la manera de conducir este cumplimiento.

A fin de traducir la vía que se dibuja y por la que camina el caballero, citaremos una frase que Pierre Schoendoerffer, en su excelente película *El honor de un capitán*[40] pone bajo la pluma del personaje central en una carta que este escribe a su esposa. Esta frase está inspirada en palabras atribuidas a uno de los capitanes que sirvieron junto a Juana de Arco, Etienne de Vignolles de sobrenombre La Hire, que para esta escena y ocasión, uno de los antiguos compañeros de armas del capitán, rectifica en su formulación exacta: «He hecho todo aquello que un soldado tiene por costumbre hacer en tiempos de guerra; por lo demás, he actuado según mi honor».

Ya de por sí, esta frase expresa las difíciles decisiones a tomar por el hombre de guerra, rudo pero deseoso de una conducta justa, ciertamente marcado por la rusticidad de los tiempos y la urgencia de las batallas. Ella traduce toda la dificultad y en ocasiones la ambigüedad de la decisión del soldado en el marco de las situaciones de guerra. Porque es idea de un no combatiente, el creer en decisiones fáciles, todas (enmarcadas) por las únicas reglas de enfrentamiento establecidas antes de una operación.

En cualquier caso, estas sobrias palabras sugieren una especie de asunción espiritual propia del camino caballeresco que también se denomina —y esta es totalmente su alma— la vía heroica. Por ello, nos pareció que encontrarían su lugar aquí.

---

[40] Película francesa estrenada en cines en 1982. Narra los últimos días del mando de un capitán de una unidad de combate durante la guerra de Argelia, a la luz de los debates surgidos durante la demanda por difamación interpuesta por su viuda, contra un académico que, durante un debate televisado 20 años después de estos hechos, citó al capitán como uno de los ejemplos de lo que llamó la conducta brutal y vergonzosa de algunos militares durante este período.

EL CABALLERO EN SU IMAGEN

Este texto constituye un capítulo de una de nuestras anteriores obras[41], sin embargo, no podíamos dejar de incluirlo en el corpus de este libro en el que estamos tratando de revelar, en la medida de lo posible, el corazón de la caballería a través de estas dos figuras de la literatura y el patrimonio iconográfico; deberíamos decir más exactamente estos dos arquetipos o, mejor aún, este arquetipo visto desde dos perspectivas: una profana (en el sentido etimológico, profanum: fuera del templo, por lo tanto fuera de lo sagrado) y otra espiritual, más precisamente iniciática en el sentido que ya hemos explicado: es decir, que abre y descubre el Misterio de los seres a través de los velos simbólicos que los revisten en este mundo.

. . .

Deseamos comenzar nuestra exposición con estas líneas del Papa Benedicto XVI, escritas cuando era Prefecto de la Congregación para la doctrina de la Fe. Es a la luz de esta reflexión, que queremos inscribir las nuestras.

«Qué noble locura es pues la de Don Quijote que ha escogido como vocación: *ser casto en sus pensamientos, honesto en sus palabras,*

---

[41] *La Hora Santa y la Noche del Mundo – La presencia en Dios al Final de los Tiempos,* Ediciones Delfos – Oviedo 2022.

verdadero en sus acciones, paciente en la adversidad, misericordioso respecto a aquellos que se hallan en la necesidad, y finalmente, combatiente de la verdad, incluso si su defensa puede costarle la vida.[42] Los rasgos de su locura se han convertido en un juego que merece ser querido, ya que se percibe en ellos, más allá de los mismos, un corazón puro. [...] La seguridad orgullosa con la que Cervantes quema los puentes tras él y se burla de los viejos tiempos, se ha convertido actualmente en melancolía respecto a lo que se ha perdido. Esto no es un retorno al mundo de las novelas de caballería, sino un despertar a lo que debe permanecer por encima de todo, y a la toma de consciencia del peligro que amenaza al hombre cuando, en el incendio que destruye el pasado, pierde la totalidad de sí mismo».[43]

El ideal caballeresco tiene sus héroes, personajes históricos o figuras legendarias, que encarnan al valeroso tal cual puede uno encontrarse o imaginarse.

Todos conocemos los caballeros de la historia de Francia como los que hemos citado ya anteriormente: du Guesclin o Bayard, por citar solamente a estos, sin olvidar a Juana de Arco, figura única de la caballería, a la vez santa, dama de la caballería y caballero perfecto.

Entre las figuras caballerescas salidas de las obras humanas ¿quién no piensa, en particular, en los caballeros de la Mesa Redonda, entre los cuales el Rey Arturo, Lancelot, Perceval o Galaad...?

Por tanto, nos referiremos a dos otros caballeros nacidos de la creación artística humana, respondiéndose el uno al otro, más allá del tiempo y del arte del que proceden, puesto que uno es surgido del ámbito de la literatura y el otro del dibujo y el grabado.

El primero parece improbable, a priori, cuando quiere evocarse la imagen de la proeza, en relación a personajes (históricos o legendarios) a los que acabamos de referirnos. El segundo aparece más en acuerdo con la idea que uno puede hacerse por lo general, aunque vista superficialmente (y desde un punto de vista absoluta-

---

[42] Cervantes, *Don Quijote.*
[43] Joseph Ratzinger: *Los principios de la Fe.*

mente moderno) pueda ser molesta incluso incómoda por su composición o reducirla a una simple alegoría de la virtùs caballeresca.

El primero es Don Quijote, personaje principal de la obra «*El ingenioso Hidalgo Don Quijote de la Mancha*»[44], de Miguel de Cervantes, publicada en Madrid en dos partes, la primera en 1605, y la segunda en 1615.

El segundo es el caballero del grabado sobre cobre de Albrecht Durero realizado en 1513: *el Caballero, la Muerte y el Diablo*.

La figura del Quijote es más secreta y no puede distinguirse de entrada la clave de su lectura; el grabado de Durero, por su parte, bajo una apariencia más evidente, no precisa tanto poseer esta clave. Ambos revelan, a ojos de seres desapegados y lúcidos (en el pleno sentido de ambos términos) el alma escondida de la caballería; escondida porque la misma es de orden del Espíritu que sólo es develada a los «buscadores» como invita el Evangelio: *buscad y encontraréis*.[45]

Puede llegar a afirmarse que ambas obras se responden misteriosa y maravillosamente: la novela describe a la caballería tal cual el mundo la ve, o más bien al no entenderla, por ello se burla de ella y la rechaza. El grabado muestra a la caballería tal como el mundo la teme, aunque sea inconscientemente, atacándola o tratando de arruinar su acción.

La primera obra, la primera figura, Don Quijote, está construida sobre el modelo del mundo al revés, del dibujo invertido u oculto que debe ser descifrado, desencriptado para que dicha figura pueda ser entendida adecuadamente. La segunda obra, la segunda figura caballeresca, a la inversa (pero no al contrario), capta el estado de la caballería en su inmediatez.

Es como si el Don Quijote oculto, el «verdadero» Don Quijote, aquél que es interiormente, ontológicamente, fuera el caballero de Durero, aunque sin embargo invisible a ojos de un mundo profano

---

[44] Título original del tomo primero: *El ingenioso hidalgo don Quijote de la Mancha.*
[45] Mt VII, 7.

y profanado, un mundo absolutamente exteriorizado, ruidoso y arrogante; un mundo cerrado al Espíritu y ocupado únicamente de sí mismo, de «sus asuntos». Ya que este mundo no puede verlo, aquí, una vez más, en los dos sentidos del término.

La Muerte y el Diablo del grabado, que rodean al caballero de Durero, corresponderían de este modo a este mundo real (o al menos al afirmado como tal por los espíritus de nuestro tiempo) que entornan al Quijote y lo acosan teniéndolo por un demente, peligroso para sí mismo y para la sociedad.

Demente, ciertamente, el Quijote lo es, pero no a la manera como este «bajo mundo» lo cree, no como quiere caricaturizarlo. No, no es así que Don Quijote es demente, si consideramos este término en su significado de loco o enajenado.

Pero sí, el demente, el caballero de la Triste Figura (como si, por este nombre, tomara los rasgos sufrientes del Señor, crucificado por este mundo al que está aportando la Salvación[46]) es lo absolutamente contrario a la locura: Don Quijote desmiente la negación del mundo; desmiente las mentiras de este mundo que ha enloquecido de acuerdo a su sabiduría humana, juzgando sin apelación según sus criterios razonables[47].

Ya que al contrario del mundo que está enajenado en su aparente sabiduría, en su codicia y en el orgullo de sus creaciones materiales enajenado en la gravidez de su propio materialismo y contemplando la Naturaleza únicamente como esa materia reducida a lo útil o agradable. En realidad, si hay un demente en la novela de

---

[46] Recordemos que Los Cánticos del Servidor o Cantos del Servidor o Poemas del Servidor constituyen un conjunto de perícopas (pasaje de un texto sagrado formando una unidad de suerte que, tomada aisladamente, conserva todo su sentido) del Libro de Isaías. Se trata de cuatro pasajes de Deutero-Isaías: 42, 1-9; 49, 1-7; 50, 4-11 y 52, 13 a 53, 12. Este Servidor, llamado por el Eterno a llevar la luz a las naciones (goïm) es objeto del desprecio de los hombres. La unidad de estos textos, así como la identidad del Servidor son objeto de la exégesis bíblica, tanto en el seno del judaísmo como del cristianismo, en el que se discierne el anuncio, la prefiguración de la Pasión del Señor.

[47] *Sino que lo necio del mundo escogió Dios, para avergonzar a los sabios; y lo débil del mundo escogió Dios, para avergonzar a lo fuerte* I Cor 1, 27.

Cervantes, éste no es otro que este mundo, víctima de su propia locura que toma por razón universal.

Don Quijote desmiente el mundo de las apariencias y la sabiduría mundanas, y descubre (en sentido objetivo como subjetivo: es decir, tanto para aquel que sigue su manera de verlo, que por él mismo) la realidad divina y real de la creación, desenmascarando la verdadera locura del mundo que se hace cómplice de la seducción del Maligno.

De este modo, la errancia del Quijote, que es auténtica aventura de caballería de acuerdo a la búsqueda espiritual y no desvaríos mentales de un viejo loco, se une y concuerda con la del caballero de Durero, que lleva su caballo en «*calma, hacia adelante, recto*»[48].

En efecto, el caballero de Durero no presta ninguna atención a la Muerte que se muestra a su lado, como tampoco se preocupa del Maligno que sigue sus pasos y lo aguarda en «el próximo recoveco», ya que el caballero «anda recto» inmerso en sus «altos caminos».

Hay en él esta sonrisa interior de la fe y la esperanza, de la contemplación «in corde» de los Misterios y así pues del Signo de Dios: su presencia en el mundo considerada en su verdadera naturaleza (en todos los sentidos de la palabra). Su paisaje interior no es el de su entorno exterior (o más bien, no se limita ni contamina en él), tal como el Diablo y la Muerte lo resumen y concentran, sino el que contemplan los ojos de su fe.

En esto, este caballero anónimo es la exacta imagen del Quijote: es la mirada interior de ambos la que da acceso a los símbolos y accede a la luz de Dios, la que revela los tesoros escondidos del mundo, contemplados (en el pleno sentido del término) según el

---

[48] Célebre máxima de la tradición de equitación francesa, atribuida al general L'Hotte (1825-1904), Escudero en jefe y luego Comandante del Cadre Noir de Saumur. Señalaremos que «calma» es la primera etapa, indispensable, que precede y condiciona las siguientes. De igual modo, el caballero debe serlo ante todo y recto en su encaminamiento interior, así pues, en su impulso espiritual, porque antes que todo tiene que haber adquirido esta ecuanimidad que marca la verdadera madurez de la fe, así como el enraizamiento en la plegaria, particularmente la plegaria del corazón de la tradición hesicasta. Por otra parte «Hesychia» en griego significa exactamente: calma, reposo, silencio.

Espíritu y que simultáneamente, impide el acceso a su alma de los poderes del Maligno, a los asaltos tumultuosos del mundo o al corrosivo ácido de sus insinuaciones.

Al igual que Don Quijote es acompañado de un inesperado escudero, Sancho Panza, el caballero de Durero está acompañado de un perro (una especie de sombra), sin lazo ni collar, que lo sigue al paso de su caballo.

La presencia de este compañero no deja de tener significado: en efecto, en la tradición occidental, el perro, particularmente en heráldica, es el vivo símbolo de la fidelidad, de la afección sin cálculo ni retorno. Traduce igualmente las virtudes de su dueño, pero también sus temores. Por último, asume así mismo la función de guardián del umbral.

El perro de Durero y el Sancho de Cervantes están incondicionalmente (y libremente, es preciso decirlo) atados a su dueño al igual que el Quijote y el caballero de Durero permanecen fieles a Cristo, al honor y a las exigencias de la caballería y su búsqueda.

Este perro y Sancho velan sobre sus respectivos jefes, al igual que estos últimos asumen la misión de todo caballero: guardar y defender los «santos lugares», en primacía de ellos el alma y el corazón; y mantenerse, vigilantes, al pie del altar a fin de garantizar la protección y la paz.

Estas dos figuras, humildes pero indefectibles, se responden perfectamente en estas dos obras: ambas siguen a su jefe sin entender el sentido de sus caminos, pero los prosiguen con ellos, llevados por un impulso afectuoso y fiel.

Los dos caballeros, conforme a su estado, llevan armas (espada y lanza) y están revestidos de armadura, ya que, efectivamente, es preciso combatir en este mundo: por supuesto, la aparente debilidad del Quijote contrasta con la fuerza del caballero de Durero pero, al término de su adviento (la aventura de caballería), en el acmé de su ser, es la misma e ineluctable victoria que les es prometida, incluso si ella no lo sea –siempre– en este mundo, o más exactamente, a pesar que dicha victoria no sea siempre visible en este mundo, ya que ella, resonará de manera segura en la plenitud de los tiempos.

Es por lo que, Don Quijote, trascendiendo su físico improbable, es en sí mismo, el caballero grabado por Durero capaz de lanzarse legítimamente en sus aventurados caminos.

Y es por ello mismo que el caballero de Durero revela a este otro caballero, todo interioridad, de corazón rogante e ingenuo[49], descrito por Cervantes que puede caminar sin temor, ignorando el arenal que la Muerte le presenta para desanimar sus esfuerzos, desbaratando la persecución del Diablo, que cojea detrás de él sobre sus pies de cabra (armado con una lanza cuyo hierro termina en gancho con forma de horquilla) y alcanzar, algún día, este castillo del alma, esta Ciudad Santa, que vislumbra en lo alto de un monte.

Ambos dos, bajo sus aspectos aparentemente tan dispares, son en realidad hermanos gemelos de caballería, las dos caras arquetípicas del caballero; o mejor aún: un único caballero considerado según las dos visiones que se pueden tener, los cuales han sabido hacer nacer y elevarse en su corazón el lucero del Alba[50]: *Yo Jesús* [...] *Yo soy* [...] *la estrella resplandeciente de la mañana.*[51]; estrella que en lo sucesivo los guía, los enseña y protege; que los orienta y justifica, dándoles su luz de Vida: «Y he aquí yo estoy con vosotros todos los días, hasta el fin del mundo».[52]

---

[49] Cf. el sentido profundo de este término que explicitamos en el capítulo dedicado a Don Quijote.
[50] La estrella es también, por dos razones, un símbolo de Nuestra Señora: las letanías de la Virgen incluyen la invocación: "Estrella de la mañana, ruega por nosotros», mientras que un himno de los siglos VII-IX en canto gregoriano proclama: «Ave Maria stella», es decir: «Salve, Estrella de la Mar».
[51] Ap XXII, 16.
[52] Mt XXVIII, 20.

DON QUIJOTE, EL CABALLERO EN SECRETO

Acabamos de evocar a Don Quijote. Precisamente, nos parece indispensable dedicarle un capítulo específico en el presente libro a esta figura novelesca de la caballería, por bien que parezca muy extraño y cuando menos improbable, antitético incluso, a ojos de la mayoría de lectores, los cuales, permítasenos, nos atreveríamos a decir con indulgencia pero sin rodeos que, sus ojos permanecen aún cerrados respecto a la verdadera naturaleza de este héroe literario. Por eso hemos creído oportuno, de nuevo aquí, retomar uno de nuestros antiguos textos[53], complementado con algunas observaciones.

En efecto, Miguel de Cervantes ha sabido crear un personaje arquetípico del espíritu y compromiso caballerescos, ciertamente inesperado a la vista de su aspecto exterior –y en esto radica el genio del autor– obligando por ello mismo al lector atento, a horadar la forma como se haría con una cáscara para llegar al fruto, o con un hueso a fin de poder succionar el tuétano[54] ya que conviene comprender (en el pleno sentido del término: cum-prendere, tomar consigo o más bien en sí), el secreto que se quiere, y saber descifrarlo, desencriptarlo, es el secreto del alma del Quijote, el verda-

---

[53] *El espejo de la caballería – ensayo sobre la espiritualidad caballeresca* – Kier España, 2020.
[54] «*Debes ser sabio para oler, sentir y estimar estos hermosos libros altos y gordos, ligeros en la persecución y audaces en el ataque. Luego, mediante una lectura cuidadosa y una meditación asidua, rompe el hueso y succiona el sustancioso tuétano.*» François Rabelais (Gargantua, prólogo, publicado en 1534).

dero «quién» de su ser, su rostro de interioridad. Este «¿quién? que el mundo exterior, también dicho «profano» en sentido anteriormente explicitado, no logra captar, en el doble sentido de la palabra: comprenderlo y ampararse de él, dominarlo.

Es esta realidad interior, la única auténtica en verdad, que no solamente da a Don Quijote toda su fuerza literaria, sino que lo revela como una figura conmovedora y noble en su exigente singularidad, invitando a no quedarse en el primer grado del relato, en el quicio de la puerta del secreto, como la mayoría de lectores, haciéndose así cómplices, aunque sea inconscientemente, de este reír cruel y despreciativo del mundo «de afuera» (del Espíritu) que lo persigue, ignorando la nobleza de su alma.

Sí, Cervantes nos ha legado un héroe de novela de caballería fuera de lo común. Su «Triste Figura» –remitimos al lector en relación a la aclaración que aportamos a este apelativo, al capítulo «El caballero en su imagen»– al igual que al nombre de su caballo, Rocinante, construido a partir de la palabra rocín (en francés rosa) que designa a la vez un caballo de baja estofa y un hombre iletrado y rústico, que parecen ser los sellos de la debilidad a la vez física y mental del Quijote, de algún modo su falta de cualificación a toda pretensión caballeresca. Y por tanto, incluso el vistazo de la generalidad de lectores, limitado tan solo a la superficialidad chistosa (nunca decididos seriamente a traspasar más allá de estas apariencias), llega a presentir la grandeza bajo la apariencia grotesca, el valor bajo el aspecto patético, la nobleza bajo la aparente humillación, el arquetipo del valiente bajo el flaco hidalgo; y la victoria de la caballería bajo la aparente derrota del viejo caballero.

Quién puede decir que ha salido de la lectura atenta y madura de la obra de Cervantes sin haberse dejado llevar, en un momento u otro, por el empuje del Quijote; sin sorprenderse de seguirlo voluntariamente en las aventuras simbólicas de su búsqueda y, finalmente, haberse puesto a su lado al cerrar el libro y llevarse sus imágenes a sus propios sueños.

. . .

El título de «Don Quijote, el caballero en secreto» que hemos escogido para este capítulo requiere una explicación.

Es preciso tomar este calificativo en los dos sentidos que conlleva: por una parte, el secreto que uno guarda y, por otra, el mismo secreto (prisionero) que se tiene en una mazmorra, separado de todo contacto exterior, en «secreto» según la expresión jurídica que le está dedicada.

Don Quijote tiene un secreto, su secreto, mientras que el mundo, que tiene a Don Quijote por demente, desea retenerlo encerrado y una vez aislado; tenerlo así en secreto. Para temer la influencia de un alma de estas características que se afirma divagante, es menester que su potencia, sus palabras y su imitación sean bien temibles y horroricen. Igualmente, para callar o no revelar esa realidad interior de aquel que sepa «captarla» y «atravesar» la superficie de la Historia (y de la historia, es decir del cuento), es preciso que sea claramente sagrada, así pues, espiritual en su esencia, que no se pueda compartirla con todos o revelarla sin temer algún tipo de mala voluntad u hostilidad.

Ahora bien, es tal que así. El secreto de Don Quijote, es el secreto de la caballería en su radicalidad espiritual y a lo que ella induce en todos los planos de la creación, luego «en el mundo». He aquí por qué, ante estas exigencias, aquellas que hemos evocado en las anteriores páginas, en particular las páginas dedicadas a estas tres virtudes y caracteres del caballero que son proeza, cortesía y honor, el mundo se encabrita y trata de ahogar el grito del hidalgo más célebre de la Mancha y de toda España, de reducirlo al silencio, luego de ponerlo «en secreto» más exactamente.

Ya que un verdadero caballero, en su acción interior y en sus actos que la manifiestan, revelando así la intención y la fuente, permanece como un hermano gemelo del Quijote y, por ello mismo, un modelo de la caballería eterna. He aquí por qué, no debe sorprendernos ver un capítulo del presente libro dedicado a esta figura singular y absoluta de la caballería.

Paradójicamente, más que la imagen de los héroes históricos o legendarios, cuya valentía de brazo y temple del alma han engalanado el mundo caballeresco y asegurado la gloria de las armas de sus reyes y de su país, es la patética silueta del prohombre desmadejado, tocado con su famoso yelmo de Mambrino que se asemeja más a la bacía de un barbero, que concentra la atención y parece, por sí sola, «fijar» la verdad interior de la caballería. Este caballero errante, flanqueado por su barrigudo escudero dispuesto para lo que haga falta, habría podido quedar poco más que como una tragicomedia con tintes irrisorios. No sería otra cosa que una locura con aspectos místicos y de la inanidad de un compromiso tan ineficaz como ridículo.

Pero el encanto se cumple en el corazón de cada lector, aunque sea en grados diversos según su propia madurez espiritual; Don Quijote deja flotar el perfume noble y delicado de la rosa, esta flor reina del misterio de la caballería. Y lo que podría ser simplemente –en sus aspectos superficiales– tan solo una vulgar bufonada para distraer al gentío, aparece en su realidad totalmente interior: este caballero, errante por las regiones agobiadas bajo el sol de la Mancha no resulta grotesco sino conmovedor porque es verdadero y, así pues, vulnerable como lo es también el amor cuando se ofrece por completo y sin esperar nada a cambio. Jesús, que es Amor y Verdad, el Amén de Dios, es en el sentido más inconmensurable al espíritu humano, la Encarnación hasta el libre sacrificio en la cruz.

Y si el sobrenombre de Don Quijote es el de Caballero de la Triste Figura, debería escribirse con mayúsculas las letras iniciales de dicho sobrenombre, ya que en la imagen que de él se desprende, se refleja la del Crucificado, el Cristo sufriente, «recapitulando» en su humanidad y uniendo a su divinidad todo el sufrimiento humano. El semblante de Dios está triste en la cruz, no por sí mismo, ni teniendo por primera causa los atroces dolores que realmente sufría en su cuerpo, sino porque en primer lugar sufre en su corazón por cada hombre que oscurece en la noche de su alma y algunos de ellos, como el ladrón malvado, lo rechazan y lo cubren de insultos. La cruz manifiesta de manera absoluta e indecible este misterio del Amor de Dios. Solamente el silencio puede expresar, en retorno, la adoración del fiel, al pie de esta misma cruz.

Grave y sensible, bella y noble, absoluta y fiel, valiente y, finalmente victoriosa incluso a pesar de sus aparentes derrotas, tal es la figura, tal es el alma de Don Quijote; es por lo que la posteridad ha sabido reconocer en él el arquetipo del caballero errante y batallador; dando testimonio en el seno de un mundo que se ha olvidado de quien era y se reniega y, así pues, de acuerdo al Evangelio, un mundo que solo puede odiar dicha figura.

No entra en nuestras intenciones plantear aquí un estudio histórico, sociológico o literario de la magistral obra de Miguel de Cervantes y Saavedra, ni tampoco descubrir ciertos rasgos del autor bajo los de su héroe (lo que ciertamente resulta de manifiesto). Nos contentaremos tan solo con abrir algo más los ojos y el corazón del lector para que pueda llevar sobre Don Quijote una mirada «iluminada» en respuesta a la clara mirada que el caballero lleva sobre el mundo. Cervantes fue muy probablemente consciente de la amplitud de su libro y sin duda lo escribió en la perspectiva evocada en la que pueden hacerse diversas lecturas, desde la más «circunstancial» y novelesca, hasta la más interior, en otros términos, espiritual. Sin embargo, cuando incluso la riqueza de su trabajo haya podido de alguna manera «sobrepasarle», lo que realmente importa es que tenemos en él una obra clave del alma caballeresca; una guía de la aventura interior y del combate espiritual del caballero.

Estas palabras del Evangelio resumen y explicitan por sí solas la hostilidad casi unánime de la que es víctima Don Quijote:

> Si el mundo os odia, sabed que antes que a vosotros me ha odiado a mí. Si fuerais del mundo, el mundo amaría lo suyo; pero porque no sois del mundo, sino que yo os elegí sacándoos del

mundo, el mundo os odia. Acordaos de aquello que os dije: «no hay siervo mayor que su señor». Si a mí me persiguieron, también a vosotros os perseguirán; si observaron mi doctrina, también observarán la vuestra. Pero todas estas cosas harán con vosotros por causa de mí nombre, porque no conocen al que me envió. Si yo no hubiera venido ni les hubiera hablado, no tendrían pecado; ahora, empero, no tienen disculpa de su pecado. El que me odia a mí, odia también a mi Padre.[55]

Así, el secreto de Don Quijote es el de ser uno de los amigos de Cristo, guardando sus Mandamientos como caballero cumplido y, en tanto tal, obrando por la Justicia y la Paz, que vienen de Dios en el amor al prójimo y a la fidelidad al juramento caballeresco prestado. Por este motivo, el mundo lo odia (pero también lo teme, solo que su odio es más intenso, al igual que la virulencia instintiva del mal ante la Verdad divina) y lo combate, tratando de abatirlo físicamente o ridiculizándolo, al designarlo como un viejo insensato.

Por otra parte, Cervantes escribe precisamente de manera muy explícita en su Don Quijote: «La virtud es más perseguida por los malos que amada por los buenos»…

¿Cuál es el carácter original de la aventura caballeresca de Don Quijote, su trama y su drama? El ser «contemplado» por el mundo, es decir por las gentes de «afuera», exteriores a su búsqueda y su sueño, como un loco y un ser grotesco. Estas gentes lo «ven», «quieren verlo» extraño y así pues extranjero a su realidad, a su horizonte del sentido y del significado de la vida. Son la imagen del malvado ladrón que ironiza sobre Cristo crucificado a su lado, lo insulta y lo blasfema.

¿Quién es entonces la imagen del buen ladrón, confesando su fe al Señor en la cruz y convirtiéndose por una contrición auténtica; él, que Jesús llamó el primero en el reino del Paraíso?

Sancho Panza, escudero muy a pesar suyo y, como llevado por un impulso que lo supera, pero al cual sin embargo se entrega sin

---

[55] Jn XV, 18-23.

condiciones, con el sentimiento no formulado y tímido, de que ese impulso de Verdad es al que realmente su alma aspira, sin saberlo ni entenderlo, va de este modo «más allá» de los límites aparentes de su propia naturaleza, frustrada y pesante.

Su cuerpo es la traducción de esa naturaleza: pequeño, redondo, masivo, los rasgos «pesados». Precisamente, Cervantes, ha querido que este «pesado» se lance a la aventura junto a este caballero largo y delgado, afilado hacia el cielo, desprendido de las pesadeces de la carne. Ha querido que la gran alma dé a compartir su sueño a la pequeña, la tome con ella en el impulso de su búsqueda y de este modo, de alguna manera, la transfigure. Aunque lo niega, ciertamente por pudor, Sancho es un verdadero escudero y no un lacayo de comedia o un espectador «extraño» a su maestro. Por otra parte, Don Quijote, a lo largo de sus aventuras, lo trata, lo «ve», más como amigo que como a un servidor. Si Sancho no comprende el secreto del caballero, sin embargo, lo ama porque lo presiente. Experimenta la verdad del ser y la fuerza espiritual bajo la debilidad circunstancial del cuerpo que, a menudo, lo traiciona.

Sancho adivina la nobleza de Don Quijote bajo la máscara que el mundo quiere que lleve y, si todavía se encuentra demasiado frustrado para contemplar «al descubierto» la verdadera imagen del hidalgo y comprender el sentido último de sus caminos de errancia, lo sigue «con confianza», entregándole todo su corazón, aunque a su manera y sin pedir nada a cambio a pesar de sus lloriqueos. Sancho es claramente la imagen del buen ladrón.

Toda la dramaturgia de la novela nace pues de estas miradas que se entrecruzan siempre y no se intercambian nunca entre un mundo que afirma su realidad y un caballero, que representa sin duda alguna el alma de la caballería, que revela otra, escondida «detrás» o «debajo» de quien entonces no es más que meras apariencias. La clave iniciática del libro está aquí, en efecto: según se trate de la visión del mundo o la de Don Quijote, la realidad de lo que es mirado, «considerado» en todos los sentidos del término, difiere y, más todavía, se opone, irreductiblemente.

De este modo, la novela de Cervantes debe leerse, debe «descifrarse» a imitación de esos grabados y dibujos de la tradición iconográfica dicha del «mundo al revés» en que los trazos de «otro mundo» o de otro retrato se trazan y se contemplan «invirtiendo» el dibujo, teniendo entonces las mismas líneas un doble sentido puesto que trazan, una y otra, figuras inversas. Pero conviene en este caso «invertir la inversión» en la medida que, y en ello consiste la genialidad de Cervantes, la inversión se encuentra ya realizada, apareciendo el héroe como un ser sin razón y su entorno poseedor de la lucidez del espíritu.

En efecto, todo está dispuesto «al revés»: el caballero es presentado como un viejo y oscuro hidalgo y no como un hombre joven «bien plantado»; se encuentra revestido de una armadura anacrónica y descabalada y no de un yelmo o armadura nueva y deslumbrante. Su caballo es un viejo rocín cuyo mismo paso le da su nombre, cuando idealmente debería montar un fiero caballo de batalla; su escudero es un campesino poco pulido y no un joven gentilhombre haciendo el aprendizaje de las armas.

Es preciso pues «darle la vuelta» al dibujo, «rectificar la lectura» para ver brillar al verdadero Don Quijote; para calar de parte a parte y «poner a la luz» su verdad interior, el secreto de su alma, su verdadero estado de caballería, su fuerza y su belleza, su grandeza escondida bajo su apariencia extraña y loca.

La novela es turbadora ya que el mundo se apoya en todo su poder material (manchada la misma novela justamente por el apoyo del Príncipe de este mundo) para barrer de un revés al endeble y solitario caballero. A menudo vencido, humillado y burlado, sin embargo, no cae jamás en el ridículo, sino que por el contrario parece agrandarse en dignidad y belleza de alma a cada brutalidad a la que el mundo lo somete. Y finalmente, el lector presiente que es precisamente en su debilidad que reside y se manifiesta la fuerza y la gloria de Aquel que es todopoderoso; que es en su martirio y su sacrificio por el honor de la caballería de la cual Don Quijote encarna plenamente su estado y que Dios, de este modo, le rinde justicia; lo «justifica» en sentido teológico.

Hemos dicho un poco más arriba que hay dos miradas, la del mundo y la de Don Quijote.

Por una parte, la del mundo «exterior», o más bien «exteriorizado» en el sentido de un materialismo arrogante, cínico y dominador; un mundo «de este mundo», crispado en su búsqueda desenfrenada de sí mismo que pone como su propio fin y legitimidad. Es un mundo insatisfecho que se pierde en la persecución de disfrutes que confunde con la felicidad auténtica. Tan solo ve en torno suyo a objetos[56], trátese de hombres, como de elementos de «mecanismos» con finalidades económicas y financieras; «concretas» como gusta proclamar.

Esta manera de mirar, solamente puede ver –en efecto– que molinos de viento, odres de vino, rebaños de carneros, presidiarios, mozas de posada… Mirada *ad extra*; mirada tramposa y cerrada y más todavía: encerrada. Mirada ciega.

La forma tiene prioridad por encima de la esencia y de toda otra cosa; todo ser, todo acontecimiento sólo es precisamente considerado y comprendido, incluso admitido (en todos los sentidos del término: «tenido en cuenta») en la medida que pueda reducirse a un aspecto y a una utilización práctica y, sobre todo, calculable.

Por el contrario, la mirada de Don Quijote, que expresa la de un mundo «interior», y más exactamente todavía «de interioridad», es

---

[56] Este es el lugar de precisar la diferencia radical que existe entre los sujetos del rey, conocidos y reconocidos como personas por éste y, por ello mismo, respetadas en su dignidad y especificidad (siendo por otra parte estas últimas la fuente real de los «privilegios» o leyes privadas, es decir, los derechos y obligaciones corolarias específicamente «adaptadas» a estas particularidades humanas) y los ciudadanos de hoy, considerados meramente como objetos, en despecho de un atronador discurso demagógico, compuesto de toda una serie de cifras y matrículas, perdidas en los «efectos de la masa» y, de todas formas, aplastado bajo un dogmatismo que nivela por abajo, o reducido al rango de objetivo en el lenguaje (y el espíritu) particularmente edificante de los publicitarios (incluso de hombres políticos que hacen uso actualmente del consejo de los precedentes).

decir espiritual y «tornada» hacia el Reino de Dios que, como nos enseña el Señor, se dirige adentro de nosotros: «*el Reino de Dios está dentro de vosotros*»[57]. Es ahí donde están los castillos o moradas del alma descritas por santa Teresa de Ávila y es desde sus altas cámaras, a través de sus altas ventanas, que el Quijote dirige su mirada sobre las cosas y las gentes.

He ahí porqué, el hidalgo, sabe «traspasar» el velo de las formas y «captar» su esencia. Mirada *ad intra*, mirada libre y abierta, expresión del discernimiento que es uno de los siete dones del Espíritu Santo. Mirada de niño igualmente; es precisamente esa infancia la que le «abre» los ojos. Se trata, por supuesto, de la infancia según el Evangelio[58], dicho de otro modo, la pureza, el candor del alma en el sentido pleno del término, que permite aproximarse al «Juego» divino y a la vez desbaratar las trampas del Maligno:

> Dejad que los niños se acerquen a mí, no les estorbéis; porque de estos tales es el reino de Dios. En verdad os digo que el que no reciba el Reino de Dios como un niño, de cierto no entrará en él.[59]

En este mismo sentido, el calificativo que Cervantes da a Don Quijote, el ingenioso hidalgo, no es «inocente» y parece dar la clave de su verdadero ser, si entendemos también esta palabra en el sentido de ingenuo (sentido que quizá resulte todavía más nítido en castellano: *ingenioso*). Este hidalgo es pues ingenuo, porque ha sabido preservar su corazón en «la infancia evangélica». He aquí por-

---

[57] Lc XVII, 20-21.
[58] En este aspecto y permaneciendo en el espíritu medieval, podemos entender la denominación de doncel [*damoiseau*, en francés; traduciéndose *âme* por alma y *oiseau* por pájaro]: de alma pájaro, lo que indica el vuelo del alma, su vuelo hacia el Cielo, así pues, en lenguaje teológico, la capacidad de la asunción espiritual del ser que ha sabido conservar intacto, virgen, su estado de niñez evangélica. Entonces en correspondencia, en todos los sentidos del término, con los ángeles (los pájaros del Cielo), entienden su lengua y pueden servir de intérpretes a aquellos que su peso «de adultos» encadena aquí abajo. Doncella [*damoiselle*] es una denominación todavía más rica de sentidos puesto que, más allá de los que acabamos de evocar, esta denominación, esta cualidad pues, se entiende también como Dama-pájaro [siendo *oisel* precisamente, el antiguo vocablo para *oiseau*, pájaro], lo que viene a ilustrar con toda evidencia el lazo espiritual y connatural entre la Dama de caballería y el mundo angélico.
[59] Lucas XVIII, 16-17; Marcos X, 14-15; Mateo XIX, 14.

qué sus miradas son puras y pueden «jugar» con las apariencias del mundo.

El Quijote es ingenuo porque rechaza solidificarse en la pesadez mineral de un mundo que estima como más adulto, más responsable diríamos hoy, de tener que sujetar las aspiraciones del alma a la prioridad exigida por la razón, incluso almacenarlas en el desván de los sueños infantiles y, finalmente, asignar al Espíritu un exilio fuera de la realidad funcional que construye a su alrededor como una fortaleza que lo satisface y le asegura su finitud.

Este sobrenombre que le atribuye Cervantes conjuga ingenuidad (inocencia de corazón) e ingeniosidad (inteligencia creadora). Don Quijote es pues a la vez el caballero de corazón puro e inteligencia (re)creadora, aquella que «inventa» en el sentido primero del término[60]: que encuentra, que descubre. En este caso, lo que se oculta bajo las figuras revestidas para sus encuentros en el camino aventurado, sus rostros espirituales o demoníacos bajo sus máscaras de aquí abajo.

Porque este hidalgo aparentemente ingenuo, es quién en realidad, discierne y revela lo que el mundo «razonable» no capta o no se esfuerza por hacerlo, disimulándolo y rechazando las exigencias evangélicas. Y poco importa que sus asaltos desmadejados, a menudo, se descompongan en este mundo, ya que la victoria le será concedida según el Espíritu y le abrirá el Reino de los Cielos.

Don Quijote ilustra pues la fuerza de los corazones simples que han renunciado a sí mismos para seguir a Cristo en Espíritu y habiendo, por este mismo hecho, guardado o reconquistado su «infancia espiritual»:

---

[60] Del latín invenere: encontrar, descubrir, de ahí el significado de inventor, en particular de un tesoro en el derecho francés. El Evangelio anuncia en particular: «*Pedid, y se os dará; buscad, y hallaréis; llamad, y se os abrirá. Porque todo aquel que pide, recibe; y el que busca, halla; y al que llama, se le abrirá*». Mt VII, 7-8.

Si alguno quiere venir en pos de mí, niéguese a sí mismo, levante su cruz, y sígame.[61]

La clave de la novela de Cervantes y del secreto de Don Quijote proviene de esta inversión de miradas, la del Justo, el caballero de la triste figura, errante, solitario e incomprendido, «que no compra» en todos los sentidos del término y la del impío, la del mundo que, por el contrario «cuenta», igualmente en este último caso en la doble acepción de la palabra. Volvemos a encontrar una vez más el tema de este juego de espejos que acompaña los caminos del caballero y le revela, en un libro mudo, el secreto de los seres[62].

Además, resulta clarividente cuando discierne y designa a Sancho, del otro lado de las apariencias, la verdadera naturaleza de los seres que encuentra en sus aventuras, reconociendo la mano y las obras de este Encantador que lo agobia con su odio y lo hostiga.

Esta figura enigmática y perversa, es evidentemente la del Malvado, la del Maligno en persona que persigue a toda alma recta y justa y falsifica toda la Obra divina; padre de la mentida e imitador de Dios, maestro de los prodigios, siempre dispuesto –paradójicamente– a deslumbrar a los «espíritus seguros de sí mismos» que no protege la simplicidad evangélica.

De este modo, por la transposición de valores, por la inversión del espíritu, el mundo en torno a Don Quijote solo aprecia la superficie del espejo, en la cual, detiene su mirada y toma así la realidad por espejismo y la niebla por claridad. De tal manera que no soporta la mirada del hidalgo, cuya forma de ver, de acuerdo a las circunstancias y las actitudes, debe quedar aislada y tenida como la de un pobre extravagante o simplemente eliminada como la de un demente peligroso.

---

[61] Mt XVI, 24.
[62] «Tengamos en cuenta que todo está lleno de misterio» (Orígenes, *Homilías sobre el Levítico*, III) en el capítulo II de la obra del Consejo de Presidencia del Gran Jubileo del año 2000, *op. cit.*: *L'Esprit Saint remplit l'univers* aparecido por Éditions Mame, París 1997. La sección de este capítulo titulado *lo creado es «bueno» porque existe en el Espíritu y por el Espíritu*, así como su conclusión iluminan y legitiman muy particularmente esta «visión» del mundo.

Así, aunque el mundo «sabio» le afirme su locura y que los acontecimientos parezcan contradecirle y dar la razón a su entorno, es por el contrario Don Quijote el único ser lúcido de esta novela; lúcido, que también quiere decir portador de la luz, transparente, «iluminado». El caballero de la triste figura sabe reconocer el arquetipo espiritual bajo la máscara de las formas accidentales o su desviamiento caído que, se presenta entonces como adversario titánico adecuado para convertirse –al combatirlo– en una bella «aventura de caballería». Lejos de equivocarse, «toma» a los seres y las cosas por lo que realmente son, «más allá» de sus apariencias, demostrando que por el contrario es el mundo de la aparente razón el que se equivoca, o que está equivocado al acusarlo de locura.

Este mundo no «traspasa» el secreto de Don Quijote ya que su propia mirada está velada, a causa de la «profanación» de su alma, perdida en las agitaciones «calidoscópicas» de lo que llama la vida concreta u «ordinaria»; como si la vida humana, la vida del hombre, querido y creado por Dios a su imagen ¡pudiera ser ordinaria! Pero él, el caballero de lo absoluto, «traspasa» los secretos del mundo, los de las formas oscuras a ojos de los durmientes, porque su corazón está despierto y a la escucha del Espíritu, el cual, en ocasiones, le habla en sueños; como nos enseñan las Escrituras. Luego, en este plano muy preciso, sí, Don Quijote es un soñador, pero –paradójicamente– su sueño es la verdadera vida.

He aquí porqué, el lector llevado en la majestad de este sueño cuya realidad no es más que un pálido reflejo, ve con Don Quijote, al cabo de la aventura, a gigantes disimulados bajo la apariencia de molinos de viento, a ejércitos camuflados bajo la imagen de un rebaño de corderos, a demonios enmascarados bajo el aspecto de odres de vino… y el verdadero yelmo de Mambrino bajo la forma de una bacía de barbero.

No, en realidad Don Quijote, el último de los caballeros errantes, no divaga, cualquiera que sea la acepción con que queramos ver este término. Antes, al contrario, su encaminamiento está absolutamente orientado (y por esto se desvela como una búsqueda, un peregrinaje). La estrella que lo guía e ilumina es interior y, como brilla en un mundo que la «ignora», la rechaza, incluso reniega de ella y la combate, podemos decir que se trata claramente aquí de esta luz de la que nos habla san Juan:

> [...] la vida era la luz de los hombres. Y la luz se muestra en las tinieblas, y las tinieblas no la comprendieron [...] Existía la luz verdadera que alumbra a todo hombre que viene al mundo. En el mundo estaba, y el mundo se hizo mediante él, y el mundo no le conoció.[63]

Don Quijote, como verdadero caballero, ha reconocido esta Luz y es por lo que se opone a las tinieblas del mundo que le rehúye o lo rechaza; su «errancia» o lo que es lo mismo, su búsqueda «heroica» en lenguaje caballeresco, afirma así un «enraizamiento» celeste, espiritual mientras que la materialidad de su rutas «aventuradas» traza, de hecho, un laberinto de catedral que lleva ineluctablemente a su centro: al Grial o Sagrado Corazón de Dios, fuente de Vida.

Hay sin embargo dos episodios en particular que son más «realistas» que los otros encuentros del héroe de la Mancha y no se prestan a esta doble mirada de la que hemos hablado más arriba, ya que su aspecto «divertido» parece atenuarse un tanto como si quisiera señalar el carácter singular en la obra.

En primer lugar, incluso si conserva el rastro que permite ajustar su mirada como conviene hacerlo a lo largo de la novela para reconocer así lo sagrado bajo el velo de lo extravagante, el episodio del adobamiento de Don Quijote por parte del ventero al que «toma» por dueño de un castillo es descrito con respeto. El mismo ventero, como si le «siguiera el juego» (o como si el dueño del castillo se hubiera disfrazado de mesonero), arma a Don Quijote caballero según las formas y ritual requeridos. En la ocasión, es asistido por dos «Damas» de las cuales, una de ellas, ciñe la espada al

---

[63] Jn, Prólogo.

nuevo caballero y la otra le ajusta la espuela. Vemos en ello, por nuestra parte, un sello dejado por Cervantes para una lectura «en segundo grado» a la cual nos invita.

Por otra parte, Dulcinea, la «Dama de los pensamientos» de Don Quijote, no aparece como esa Maritornes de la venta a la que en ocasiones se ha referido en el resto de texto (capítulos XVI y XVII de la Primera Parte del primer libro), sino por el contrario, el texto de la novela la describe como «una joven campesina bien plantada» habitante de un pueblo cercano. La Dama de caballería y, aquí más que en cualquier otra parte, sólo puede ser bella, en efecto.

El segundo episodio, más áspero, es aquel en que Don Quijote salva a un mozalbete de una quincena de años al que su maestro, un pastor, tiene atado a un árbol y lo azota cruelmente reprochándole alguna falta. Aquí, el caballero pone de relieve toda la dimensión de su acto, ya que actúa en lo que el mundo llama «su locura» y en aquel otro opuesto al que llama «realidad» porque, en cualquier caso, salva y libera «en todos los planos» al joven maltratado. El hecho que libere a un doncel [*damoiseau* en francés], según la lectura del nombre que nosotros proponemos[64], no deja de tener significado y hace pensar que en realidad se trata aquí del espíritu de infancia lo que el Quijote socorre y libera, precisamente él, que encarna dicho espíritu.

La obra de Cervantes es demasiado densa para que podamos evocar en todo o en parte de las aventuras de Don Quijote y de Sancho Panza, pero la lectura que hemos propuesto le está constantemente en alerta. Esta novela es quizá el último de los libros de caballería y si Cervantes ha escogido un final en el que, en su lecho de muerte, el viejo hidalgo parece recobrar la razón, no es con otro objeto que para transmitir mejor este mensaje a la manera del Evangelio:

---

[64] Cf. nota 56

A vosotros os ha sido entregado el misterio del reino de Dios; más a aquellos de fuera todo les viene en parábolas, para que mirando, miren y no vean; y oyendo, oigan y no entiendan y no se conviertan jamás ni se les dé perdón.[65]

Don Quijote no moriría si permaneciera loco a los ojos del mundo... Y ni a sus propios ojos. Es la razón del mundo la que lo mata. Pero, gracias a Dios, es el loco quien ha ganado el corazón de los hombres y conservado la memoria literaria. La locura del caballero se inscribe así en la Sabiduría de Dios:

Pero a lo insensato del mundo eligió Dios para avergonzar a los sabios; y a lo débil del mundo eligió Dios para avergonzar a lo fuerte.[66]

---

[65] Mc IV, 11; Mt XIII, 11-13.
[66] I Cor I, 27.

LAS ÓRDENES CABALLERESCAS

Las Órdenes de caballería son, por definición, posteriores a la propia caballería sin la cual, simplemente estas no existirían. Es una absoluta evidencia que un corpus específico sólo puede nacer de un principio que, forzosamente, le preexiste y lo trasciende.

La Orden reunía a los caballeros ya adobados, por ello mismo originariamente en sus inicios y durante largo tiempo no ha creado ningún caballero. Sólo fue bastante tardíamente que las Órdenes caballerescas han comenzado a adobar caballeros conforme admitían nuevos miembros en su seno.

Esta es la razón por la que la caballería permanece en primacía sobre las Órdenes surgidas a partir de ella, sea cual sea la gloria y el esplendor que le hayan podido dar a través de la Historia. Antes de ser «del Temple», de «San Lázaro» o de «San Juan», se es caballero. El color de la cruz y del manto se diferencian para expresar vocaciones específicas, aunque siempre complementarias, pero quienes las llevan han recibido todos ellos el mismo sacramental, en su gracia y en su carácter que los firma y caracteriza al unísono: el adobamiento caballeresco.

No obstante, estas Órdenes aparecieron muy pronto a fin de dar respuesta a las necesidades a la vez militares, hospitalarias y espirituales. Se edificaron haciendo eco a las Órdenes monásticas aún y siéndoles distintas; excepción hecha de la Orden del Temple y de las Órdenes Militares y Hospitalarias de San Lázaro y de San Juan que conjugaron el estado monástico y el estado caballeresco, desde su misma fundación en el caso del Temple o a partir de su militarización para las dos otras, finales del siglo XVIII (1772 para San Lázaro o su abolición en el siglo XIV para el Temple).

1 - Los orígenes

Los historiadores concuerdan en decir que las Órdenes de caballería nacen a partir de las Cruzadas. Se pueden no obstante citar dos creadas antes de la primera cruzada (1096-1099):

- La Orden de la Estrella creada en 1022 por el rey de Francia Roberto II el Piadoso.
- Los Caballeros de San Pedro (Milites Sancti Petri), Milicia creada especialmente en 1053 por el Papa León IX para luchar contra los Normandos de la Italia del Sur, y que participó en la batalla de Civitate (18 de junio de 1053).

2 - Las Órdenes fundadas en Tierra Santa

Aunque ratificadas por el Papa, se trataba de Órdenes soberanas. Se dividían en dos categorías:

* En Primer lugar, las Órdenes Religiosas (votos monásticos) y exclusivamente Militares compuestas por monjes-caballeros secundados por sargentos y hombres de armas. Pueden contarse en número de dos, más un caso específico.

- La Orden del Temple o Milicia de los Pobres Caballeros de Cristo y del Templo de Salomón. Fundada en dos tiempos: concilio de Nablus en 1120, más tarde concilio de Troyes en 1129; disuelta en 1312 por el papa Clemente V.
- La Orden de Nuestra Señora de los Alemanes u Orden Teutónica (1190). A observar que la Orden de los Caballeros Porta Espada o Hermanos de la Espada (ducado de Li-

vonia, vasallo del Gran Ducado de Lituania), fundada en 1202 y reconocida por el Papa en 1204, se fusionó con los Teutónicos en 1237.

La Casa del Hospital de los Alemanes de Santa María de Jerusalén más tarde Orden de la Casa de Santa María de los Teutónicos (los caballeros Teutónicos) fue un hospital de campaña creado en 1190 cuando el primer asedio a San Juan de Acre que acabó convirtiéndose en Orden hospitalaria y más adelante en Orden militar a partir de 1197 oficializada por la bula «Sacrosancta Romana» del Papa Inocencio III en 1199.

No obstante, tomó carácter exclusivamente militar a comienzos del siglo XIII, en que se replegó a sus tierras de Prusia y Livonia, hasta comienzos del siglo XIX. La Orden recibió su forma actual en 1929: se ha convertido en un instituto de vida consagrada, que tiene su rango entre las canonjías regulares.

Un caso particular: la Orden canonjial regular del Santo Sepulcro canónigos del Santo Sepulcro o congregación del Santo Sepulcro: no fue una Orden de caballería stricto sensu, si no una Orden religiosa de canónigos regulares, creada por Godofredo de Bouillón después de la toma de Jerusalén en 1099, que seguía la regla de san Agustín. Esta Orden tenía por función la guardia del Santo Sepulcro teniendo a la vez a su cargo la vida litúrgica del santuario. Por otra parte, algunos caballeros se hicieron adobar en este lugar y entraron a formar parte de la guardia de este lugar a título personal. Con la extensión de las conquistas en Tierra Santa, la Orden se desarrolló ampliando su misión de protección de los lugares santos al conjunto del Reino franco de Jerusalén.

A consecuencia de la pérdida de los Estados latinos de Oriente, la Orden se replegó a Europa. En 1489, Inocencio VIII decidió la supresión de la Orden canonjial y ordenó su incorporación a la Orden de San Juan de Jerusalén.

La actual Orden Equestre del Santo Sepulcro de Jerusalén es un Orden de caballería religioso, de derecho pontificio, que se inspira en las Cruzadas y fue recreado en 1847 por Pío IX (de dónde el añadido del calificativo de Equestre para distinguirlo del que fue absorbido por la Orden de San Juan de Jerusalén).

Es una Orden con estatuto de asociación de fieles católicos reconocida por la Santa Sede y no una Orden religiosa de hermanos. Se dedica a la custodia de las reliquias y actúa para ayudar a la comunidad cristiana instalada en Tierra santa, en la actualidad: Israel, Palestina, Jordania y Chipre.

* En segundo lugar las Órdenes Religiosas, Militares y Hospitalarias (cuidado de los enfermos) ya que, anteriormente a la Iª cruzada, estas Órdenes existían bajo forma de comunidades monásticas a cargo de sus respectivos hospitales, se militarizaron a contar de esa fecha. Son en número de dos:

- La Orden de San Lázaro en Jerusalén: hospital para el cuidado de los leprosos, fundado hacia 370 por una comunidad de monjes armenios dirigidos por san Basilio. A partir de su militarización después de la primera cruzada, pasó a ser de facto ecuménica puesto que reunía monjes armenios y caballeros católico romanos, orientales (como los católico-melkitas) ortodoxos (griegos y bizantinos); algunos siglos más tarde, se les añadieron protestantes y anglicanos.

- La Orden de San Juan de Jerusalén: hospital para el cuidado de las enfermedades infecciosas fundado en 1070-1080 por el Bienaventurado Hermano Gerardo[67] del linaje de los condes de Dabo-Eguisheim, denominado más tarde de Chipre, de Rodas y Malta, islas a las que se replegó sucesi-

---

[67] Cuando la toma de Jerusalén en 1099, estuvo a cargo durante varios años del complejo hospitalario de la Ciudad Santa, agrupando los monasterios y hospitales asociados a ellos: San Lázaro, Santa María la Latina (que había sido fundado hacia 1048 por mercaderes de la costa italiana de Amalfi, cerca de Nápoles) y el hospital que él mismo había creado: San Juan el Limosnero, puesto entonces bajo el patrocinio de San Juan Bautista. Por eso los historiadores consideran al hermano Gérard como el primer Gran Maestre común de las Órdenes de San Lázaro y San Juan.

vamente tras la pérdida de Tierra Santa en 1291. Es exclusivamente católico romana.

Estas dos Órdenes han atravesado la Historia; a pesar de las vicisitudes de épocas turbulentas. Sus miembros prosiguen con fidelidad sus acciones hospitalarias, asegurando el mantenimiento de los valores y tradiciones caballerescas y concurriendo en primer lugar a la defensa de la fe cristiana y de la Iglesia.

3 - Órdenes inspiradas en las Cruzadas y la Orden del Temple para la reconquista en España y Portugal

- Para España: Calatrava (1158); Santiago (1170); Alcántara (1183) y Montesa (1317).
- Para Portugal: Avis (1167) y la Orden de Cristo (1319).

4 - Principales Órdenes dinásticas en la Europa Occidental

Teniendo en cuenta el número de Órdenes fundadas por las diversas Casas reinantes o habiendo reinado en Europa, nos limitaremos a citar algunas de ellas entre las más emblemáticas dentro de este tipo de Órdenes caballerescas.

* **Reino de Francia**: Ordre de l'Etoile – Orden de la Estrella (1022, refundada más tarde en 1351), Órdenes del Rey (Saint-Michel – San Miguel 1469 y Saint-Esprit – Espíritu Santo 1578), Ordre de Saint-Louis – Orden de San Luís (1693), Ordre de Notre-Dame de Mont-Carmel – Orden de Nuestra Señora del Monte Carmelo (1608).

- Una refundación contemporánea: Antigua Real Orden y Soberana de la Estrella y de Nuestra Señora del Monte Carmelo, a la vez real por su refundación (2014) y soberana por decisión de esa misma fecha de su refundador, Monseñor el Conde de París, de Jure Henri VII de Francia, Jefe de la Casa Real de Francia. El calificativo de Antigua fue sugerido por el Gran Canciller de la Legión de Honor en funciones por aquel entonces.

* **Reino de Inglaterra** (posteriormente Corona británica): Most Noble Order of the Garter – Muy noble Orden de la Jarretera (1348); Most Honourable Order of the Bath – Muy Honorable Orden del Baño (1725); Most Excellent Order of the British Empire – Muy Excelente Orden del Imperio Británico (1917); Order of the Thistle – Orden del Cardo (1687).

* **Reino de España**: Real y Militar Orden de San Hermenegildo (1814).

* **Reino de Portugal**: Real Ordem de Santa Isabel de Portugal – Orden Real de Santa Isabel de Portugal (1801).

* **Casa de las Dos Sicilias**: Sacro Militare Ordine Costantiniano di San Giorgio – Sagrada y Militar Orden Constantiniana de San Jorge (entre 1520 y 1545).

* **Ducado de Borgoña, en su origen**: Ordre de la Toison d'Or – Orden del Toisón de Oro (1430). Actualmente, separada en dos ramas: Casa Real de España (decoración de mérito) y Casa de Habsburgo-Lorena.

* **Casa de Saboya**: Ordine di San Maurizio – Orden de San Mauricio (1434), convertida en Orden de los Santos Mauricio y Lázaro como consecuencia de la escisión del Gran Priorato de Capoue de la Orden de San Lázaro de Jerusalén y su adhesión a la de San Mauricio (1572); Orden Suprema de la Muy Santa Anunciada, creada bajo el nombre de Orden del Collar (1364).

* **Reino Unido de los Países Bajos**: Orde van de Nederlandse Leeuw – Orden del León neerlandés. (1815).

* **Reino de Dinamarca**: Elefantens Orden – Orden del Elefante (hacia 1460, refundada en 1580).

* **Reino de Suecia**: Kungliga Serafimerorden eller Hans Majestät Konungens Orden – Orden Real de los Serafines u Orden de su Majestad el Rey (1748).

* **Reino de Noruega**: Kongelig Norsk St. Olavs Orden – Orden Real Noruega de San Olaf (1847).

* **Reino de Bélgica**: Ordre de Léopold – Orden de Leopoldo (1832); Ordre de la Couronne – Orden de la Corona (1897); Ordre de Léopold II – Orden de Leopoldo II (1900).

* **Principado de Mónaco**: Ordre de Saint-Charles (1858); Ordre de Grimaldi, fundada bajo el nombre de Orden de los Grimaldi (1954).

* **Gran Ducado de Luxemburgo**: Ordre de Mérite civil et militaire d'Adolphe de Nassau – Orden de Mérito civil y militar de Adolfo de Nassau (1858).

EL MANTO DE CABALLERÍA O EL HÁBITO DE LA ORDEN

Más allá de su aspecto práctico para protegerse de la intemperie y las inclemencias del tiempo, el manto, que de manera errónea algunos denominan capa en nuestros días, encarna un símbolo mayor de la caballería de la Orden.

Cuando una persona es admitida en un Orden religioso, ella toma solemnemente el hábito en el curso de una ceremonia especial. De igual manera, cuando una persona es admitida en el seno de una Orden Caballeresca, ella recibe el manto que viene a ser su hábito de iglesia (o de coro, puesto que es llevado cuando las misas y oficios religiosos y que, en principio, los caballeros de la Orden asisten vestidos con él a estas misas y oficios sentados en el coro); manto que constituye simultáneamente una parte de su uniforme o lo que constituía su equipamiento en la Edad Media (cota de armas, cota de malla o armadura).

Con la cruz pectoral propia de cada Orden (forma de los brazos, color, elementos complementarios como trofeos de armas que las rematan y los símbolos que pueden llegar a ornar los ángulos), el manto se presenta como el principal elemento que traduce la vocación espiritual de un Orden caballeresco y «marca» exteriormente a su portador en tanto que miembro de esta hermandad caballeresca, exactamente como las cogullas y escapularios indican la Orden a la que pertenecen el religioso o la religiosa revestidos con los mismos.

En el seno de la Iglesia, las vestimentas sacerdotales presentan un color diferente según sea el «tiempo» del ciclo litúrgico. Dichos cambios en la indumentaria expresan simultáneamente diversas realidades espirituales.

En primer lugar, los «momentos» de la vida de Cristo en su Encarnación para la Salvación del mundo: su Natividad, su Pasión, su Resurrección, su Ascensión y el envío gracias a Él del Espíritu que constituyó la Iglesia en su plenitud de fuerza apostólica.

A continuación, hay que tener presente que estos tiempos litúrgicos son «también» destinados a ser interiorizados por los fieles puesto que cada cristiano tiene por vocación seguir a Cristo, a imitarlo según el título de una obra de vida espiritual bien conocida[68]. Son así estos «fuegos» del alma en su impulso hacia el Señor, así como las luces de las gracias infundidas por Aquél en el corazón de los hombres de deseo, como los llama el Apocalipsis de Juan, conformándolos, «deiformándolos» a Él, lo que estos colores traducen. Nos encontramos aquí, en esta intimidad con Dios, en el misterio del intercambio de corazones anteriormente evocado.

Es en este sentido que los colores de estas vestimentas litúrgicas no son simples «recuerdos» psicológicos, sino auténticamente símbolos activos y vivientes de estados espirituales que ellas vienen a «encarnar» de alguna manera «anunciándolos» en el sentido evangélico del término.

De igual modo, la vestimenta esencial de la caballería de la Orden, el manto (lo que el lenguaje moderno tiene más por costumbre denominar como capa) «reviste» un significado análogo y, cuando las reglas propias de cada una de las Órdenes pide que se

---

[68] « L'imitation de Jésus-Christ », manuscrito en latín en lo sucesivo atribuida con casi total certeza a Thomas de Kempis (en consecuencia, originario de Kempen, cerca de Dusseldorf), nacido hacia 1380 y muerto en 1471, monje en Mont-Saint-Agnès situado en Zwolle, en Holanda, en el que fue maestro de novicios. Lamennais realizó una bella traducción reeditada por Éditions du Seuil, colección Sagesses n° Sa17.

lleve una cogulla en lugar del manto como hábito de coro cuando la Misa, son claramente «los colores» del manto lo que esta cogulla presenta[69].

Ya que, claro está, el manto no tiene por única función la de cubrir al caballero a fin de protegerlo del frio o de abrigarlo del sol o la lluvia, por bien que dicha prenda tenga «también» esta utilidad práctica.

---

[69] Los caballeros de la rama católico romana de la Orden de San Juan de Jerusalén (los caballeros de Malta) visten cuando las ceremonias religiosas, no el uniforme militar, sino una cogulla negra ribeteada de blanco en el cuello y las mangas, ornamentada con una cruz de la Orden sobre el pecho (cruz blanca de las Beatitudes, paté y de ocho puntas). Y su manto de uniforme es negro con la Cruz de la Orden cosida en el lado izquierdo. Recordaremos que existen diversas ramas históricas y legítimas de la Orden de San Juan de Jerusalén:

- La Orden de Malta (católico romana), administrada de 1805 a 1879 por un Teniente General según voluntad de la Santa Sede, considerando el número restringido de miembros y la pérdida de Prioratos, de Encomiendas y de lenguas (citaremos entre otras restricciones, la abrogación pontifical de la lengua de Francia y la secesión de la de España, la pérdida del Priorato de Portugal o incluso la pérdida de Encomiendas en Italia y en Alemania), luego, más tarde, cuando de nuevo el número de miembros ha sido satisfactorio, administrada por un Gran Maestro a partir de 1879. Su sede está en Roma.

- El Gran Priorato de Rusia de la Orden de San Juan de Jerusalén (Ortodoxa, pero igualmente abierta, desde su mismo origen, a todas las confesiones cristianas), instituida en 1789 con sus Comendadores hereditarios escogidos entre las más ilustres familias de Rusia en 1799 por el Zar Pablo I°, por otra parte 72° Gran Maestro de la Orden de Malta elegido regularmente por la mayoría de caballeros de todas las lenguas de la Orden entonces en el exilio de San Petersburgo, después de la toma de la isla de Malta por Bonaparte, e instalado Gran Maestro por el mismo Nuncio Apostólico. Los historiadores precisan, por otra parte, que en los meses que siguieron, la mayor parte de los otros caballeros no presentes en San Petersburgo cuando la instalación, se alinearon bajo el Magisterio de Pablo I°.
Sea dicho de paso, que la Orden de San Juan de Jerusalén debe su supervivencia, entre 1798 y 1803, a esta Gran Maestría del Zar Pablo I° (reconocida por la mayoría de Cortes Europeas) y luego a la de su hijo, el Zar Alejandro I° (el cual añadió dos Encomiendas Hereditarias de Familia a las veintiuna ya existentes creadas por Pablo I°) y que el 73° Gran Maestro de la Orden de Malta (católico) nombrado por el Papa en 1803, Giovanni Battista Tommasi, era el candidato del Gran Priorato de Rusia del que por otra parte era también miembro. Recomendamos a todos aquellos que el asunto interese, el libro del barón Michel de Taube: «L'Empereur Paul Ier de Rusie Grand Maître de l'Ordre de Malte et son Grand Prieuré Russe de l'Ordre de Saint-Jean de Jérusalem», Éditions Slatkine, Paris-Genève 1955, reedición en 1982.

- Y salidas de las separaciones confesionales producidas a partir de finales del siglo XV o del cisma con Roma, operado en el siglo XVI por el rey Enrique VIII de Inglaterra:
o La Gran Bailía de Brandemburgo, así como las Órdenes de San Juan de Jerusalén de los Países Bajos y Suecia (Protestantes), con las Encomiendas extranjeras que respectivamente le están vinculadas.
o La Muy Venerable Orden de San Juan de Jerusalén (Anglicana).
Únicamente estas Órdenes constituyen la familia de ramas auténticas, tanto en el plano histórico como en el jurídico, de la Orden de San Juan de Jerusalén.

En efecto, la entrega del manto, con que se cubre solemnemente al recipiendario, estando este de rodillas o de pie, según sean los rituales propios de cada Orden, constituye el acto central junto al adobamiento por el que una Orden caballeresca acoge y «crea» a todo nuevo cofrade. Es tradicionalmente por la entrega del manto que todo caballero, en la época medieval y, precedentemente adobado, era recibido en la Orden en la que se había postulado con el fin de tomar el hábito de monje-soldado.

Se trata realmente ahí de un nacimiento a la Orden en cuestión, que inscribe al nuevo cofrade en una filiación espiritual ya que el manto encarna el seno de esta Orden, su «identidad» o quizá mejor su «persona» espiritual, su alma de la que precisamente revela la orientación (la irisación), por sus «colores», es decir, la vía de ascesis particular; colores que la heráldica discierne justamente como los secretos y los caminos del ser «en búsqueda de Dios».

El manto transmite, envolviendo a todo el ser (y no solamente su cuerpo) la «fuerza del alma» de la Orden y por ello mismo protege a quien tiene derecho a llevarlo de influencias deletéreas. De una manera análoga, los Serafines son descritos por las Escrituras como portadores de tres pares de alas; el primer par, para volar hasta Dios cuando los llame, el segundo, para protegerse los ojos ante su deslumbrante luz de gloria, finalmente el tercero, para cubrirse el cuerpo: en esto consiste el manto de caballería de estos caballeros celestes.

El manto une los corazones de los caballeros –corazones que deben ser santuarios del Nombre de Emmanuel– en un rosario viviente y todos estos corazones al Sagrado Corazón y al corazón inmaculado de María, Madre de Dios en una unión sin confusión en la que cada uno, cumpliendo la Regla por todos y en todo, revestido de manera idéntica con este único manto de gracias, símbolo de una vocación compartida, prosigue igualmente su reencuentro cara a cara, como antes hemos señalado, con el Creador, según su vía y sus dones personales.

Es por lo que, en toda verdad, no puede figurar sobre el manto de la Orden, ninguna distinción «individual» como podría ser el propio blasón. Ya que, en su naturaleza esencial, el manto no pertenece al caballero que lo lleva, sino a la Orden de la que forma parte, revistiendo en consecuencia a la persona «mística» en sentido teológico a la individualidad espiritual de cada caballero, exaltando dicho caballero la plenitud de ésta.

Es pues perfectamente natural que toda marca y especialmente las armas, que son la encarnación de esta individualidad espiritual, no sean llevadas sobre el manto en signo de humildad, pero también como signo de protección y fecundidad espirituales, siendo el manto «jerárquicamente» superior puesto que viene a encarnar, en efecto, la trascendencia de las armas, de los «colores» de la Orden respecto a todo blasón personal (sea este familiar o individual).

En compensación, algunas Órdenes de caballería tenían por costumbre hacer situar el escudo armorial de cada uno de sus caballeros encima de su lugar capitular, cuando las reuniones solemnes, o en el coro de su iglesia o capilla de la Orden. Las Órdenes del Toisón de Oro, y la del Cardo y la Rueda han observado este uso caballeresco y gracias a ello, podemos contemplar los blasones de los caballeros en el coro de algunas iglesias, en particular para esta última Orden, en la capilla existente en la Catedral de St Giles, en Edimburgo, Escocia.

Esta dignidad y este «poder» del manto, que hacen de él una vestimenta sagrada, encuentran, en nuestra opinión, su origen y su justificación en el velo o hábito de la Virgen, el manto del profeta Elías y en el del mismo Cristo.

Elías, Profeta del Antiguo Testamento, ciertamente, pero también (es el único caso conocido de una tal filiación) patrón de la orden contemplativa de los Carmelitas que lo ven como a su fundador. El profeta Elías del que el Antiguo Testamento nos indica que, estando vivo, «subió a los cielos», lo que en otros términos viene a significar que conoció realmente una ascensión sin pasar por la muerte física.

La Biblia describe esta ascensión diciendo que se llevó a Elías en una nube parecida a «un carro de fuego» ante los asombrados ojos de su discípulo, el profeta Eliseo, el cual entonces recogió su manto. Es precisamente gracias a este manto que Eliseo, propiamente «revestido» de la potencia espiritual de Elías, realizó su primer milagro, golpeando con este manto las aguas del Jordán que se separaron a un lado y otro, para permitirle atravesarlo[70].

Con su acción, Eliseo repetía el mismo gesto que Elías había hecho, unos instantes antes, justo antes de ser arrebatado «al cielo». Elías, había en efecto tomado su manto y, enrollándolo golpeó las aguas del Jordán que se dividieron, permitiendo que los dos pudieran atravesarlo a pie seco[71].

Por otro lado, la orden de los Carmelitas está estrechamente dedicada a la santa Virgen, calificada como Reina del Carmelo ya que es de ella que la Orden recibe el depósito sagrado del escapulario, acompañado de las gracias específicas relacionadas al hecho de llevarlo (observando, por supuesto, una vida de piedad cristiana). Este escapulario se denomina, cuando se trata del escapulario que completa la cogulla monástica, «el gran hábito de la Virgen». Cuando se trata de su forma reducida, llevado generalmente por los fieles laicos, o cuando es llevado bajo forma de medalla justamente dicha de la Virgen del Monte Carmelo, toma entonces el nombre de «pequeño hábito de la Virgen»[72].

Por lo demás, los Carmelitas, de acuerdo al documento más antiguo que nos ha llegado, una Bula de Inocencio IV, datada del 13 de enero de 1252, son oficialmente llamados «Hermanos de la Or-

---

[70] 2 Re II, 13-15.
[71] 2 Re II, 18.
[72] Remitimos a los interesados, entre otros, al opúsculo disponible en Carmel Sainte-Thérèse, 59 avenue de la Ceinture – 94000 Créteil, así como a la obra del Padre Joseph de Sainte Marie: « La Vierge du Mont-Carmel » aparecida gracias a las Éditions P. Lethielleux, Paris 1985.

den de Santa María del Monte Carmelo». Pero es preciso saber que, desde 1227, una Carta pontificia de Gregorio IX les daba el nombre de «Eremitas de Santa María del Monte Carmelo».

Recordemos sucintamente que en unos momentos en que la situación de esta orden de eremitas contemplativos venidos de Oriente, poco numerosa y poco conocida en tierras de Occidente, atravesaba unas circunstancias muy comprometidas, la Virgen se le apareció al Prior general de la orden el 16 de julio de 1251, san Simón Stock, que tenía por ella una indefectible devoción. María tendió el hábito de la Orden al santo Prior, diciéndole:

> Este privilegio vale para ti y los Carmelitas: aquel que permanezca fiel a su hábito hasta la muerte, será salvado del fuego eterno.

La entrega de esta vestimenta, como la del manto por Elías a Eliseo, que cubre los hombros y el corazón, que «rodea» el cuerpo y lo envuelve así, como si fuera un nimbo, ¿acaso no hace alusión al cuerpo de gloria el Día de la Resurrección de los muertos y no viene a ser como un signo «de anticipación mística»?

De todas formas, el escapulario encarna la protección maternal que la Virgen entiende dar a todo ser vivo y fiel a la fe en Cristo y que la invoca como Madre de Dios instituida por Él mismo, desde lo alto de la Cruz, como madre de todos los hombres:

> Jesús, pues, viendo a su madre y a su lado de pie a aquel discípulo que amaba, le dice a su madre: 'Mujer, he ahí a tu hijo.' A continuación, le dice al discípulo: 'He ahí a tu madre'. Y desde aquella hora la tomó el discípulo como cosa suya.[73]

Es fácil de comprender ahora porqué el manto de caballería, sobre todo cuando se trata del manto de una Orden caballeresca, encarna y porta, de alguna manera, a través de sus colores, las virtudes de vocación, de potencia y de protección de esta Orden in-

---

[73] Jn XIX, 26-27.

cluso y, en filiación con él, que cada caballero expresa y «reviste». He aquí porqué este manto es una vestimenta sagrada y que no puede ser conferido a quien no esté comprometido por completo, corazón y alma, en el servicio caballeresco y espiritual que se le supone y requiere.

Al respecto, no deja de tener interés observar los puntos físicos envueltos por este manto a los que se podría relacionar, como «lugares de paso de energías espirituales», de los nueve puntos del escudo de armas sobre los cuales se ordenan y se edifican las piezas honorables y algunos de entre los muebles mayores.

En primer lugar, el cuello «lugar de honor», según la denominación heráldica, (soplo y palabra), del cual se cuelgan y se anudan las cruces de las Órdenes de caballería. El cuello que religa, como si de un puente se tratara, el «jefe» con el resto del cuerpo; en la tradición caballeresca, se le llama ciertamente el «puente peligroso», ya que es sagrado puesto que es «lugar» de prueba, luego lugar de acción o actitud heroicas.

En este lugar físico, vulnerable, pero por el cual el caballero ha proferido su juramento de compromiso por la Fe, es donde se tiene, se abrocha el manto, significando así el mayorazgo en el Espíritu del caballero. En otros términos, el papel esencial del cuello encarna, en este caso una verdad metafísica que podemos exponer así: la fidelidad y la conservación, en todos los sentidos, de la palabra del caballero en la plenitud y la autenticidad de su juramento y en base a ello de su estado caballeresco, no dependiendo de él y de su libre voluntad el mantener este compromiso de honor y de servicio, encomendando por ello y humildemente a Dios su debilidad de hombre (la cual existe siempre, aunque sea potencialmente) en esta profesión de fe. Este atado del manto se convierte así en el símbolo vivo del apego del caballero a su Orden y a los deberes de la caballería.

Luego, los hombros, son los que llevan realmente el manto el cual, en efecto, «reposa» en primer lugar físicamente sobre ellos.

Se lleva pues este manto como se lleva una cruz, la Cruz, ya que obliga a la superación de uno y en consecuencia al descubrimiento de la verdad de su ser, que asume la fe jurada o derogada y en ese caso (se) miente. Sin embargo, de igual modo que la cruz de Cristo sostiene la debilidad y la angustia del hombre, el manto sostiene igualmente al caballero que se esfuerza en merecer la dignidad comunicándole la fuerza y la protección de la Orden, la cual encarna de alguna manera. Por otra parte, los hombros son las partes del cuerpo «tocadas» por la espada del padrino cuando adoba y luego «crea» al futuro caballero. De tal suerte que es a través «de los hombros» que el estado de caballería queda inscrito en lo más recóndito del ser.

El pecho a continuación, particularmente el corazón a la altura del cual es generalmente cosida la cruz de la Orden, lo que viene a ilustrar que este signo de Cristo es inscrito en lo más íntimo del caballero, finalmente los riñones y las piernas, más precisamente las rodillas, que el manto recubre, deteniéndose justo por encima de las espuelas, signos eminentes y «visibles» de la caballería.

No es necesario presentar cómo, en la tradición cristiana, el corazón es el símbolo del centro del ser, «célula monástico-mística» donde el hombre de plegaria encuentra a Dios Emmanuel; ni los riñones, fuente de fuerza y fecundidad espirituales (es sobre los riñones, alrededor de las caderas y no en el talle que eran llevados los cinturones de caballería, compuestos de piezas de orfebrería articuladas. Dichos cinturones no soportaban el peso de ninguna arma, salvo, en ocasiones, el de una daga).

Las rodillas, por su parte, son justamente plegadas en signo de humildad y penitencia ante el único Señor, Cordero de Dios y León de Judá, único capaz por el envío y acción del Espíritu Santo de perfeccionar en plenitud toda contrición verdadera y toda confesión de Fe sincera. El futuro caballero se arrodilla igualmente para recibir de su padrino la Orden de caballería. De igual modo, el vasallo se arrodilla ante su señor y todos delante del rey en el marco de la ceremonia de homenaje de la que ya hemos hablado. Por otra parte, nos permitiremos remitir el lector a nuestras obras «La Vía del Blasón» y «Luces y Secretos del Blasón» en lo concerniente más precisamente al sentido simbólico de las junturas y la armonía de su «juego».

Las espuelas, finalmente, quieren ser la demostración del dominio del caballo, por su parte imagen de las fuerzas vitales y físicas a controlar, a saber «llevar» (transfigurar más exactamente y no aniquilar) en la perspectiva de una ascesis espiritual. Ellas figuran, en esta perspectiva de vida tornada hacia Dios, el deseo del alma por encontrarlo «cara a cara», su impulso por ir a su encuentro y responder así a su llamada, sin tener en cuenta que, en realidad, es Dios mismo, quien en su ternura benevolente recorre lo más largo del camino.

Es todo el ser en su dimensión corporal y espiritual el que se mueve, así protegido y vivificado por el manto en tanto que símbolo de la potencia espiritual de la Orden caballeresca considerada.

De todas formas, cabe también entender este manto de caballería simultáneamente como una vestimenta de coro, llevada con toda legitimidad durante el Oficio divino y como una imagen del «desierto»; de ese «desierto interior» tan querido por los primeros Padres en general y por la espiritualidad carmelitana y cartujana en particular, en la que el hombre de Dios «hace retiro» como en un lugar de soledad y silencio (luego de adoración), pero en ningún caso de aislamiento.

Si el manto es claramente una suerte de imagen del desierto y que entonces cubrirse con él se aparentaría, en cuanto a las meditaciones y las adoraciones, a un retiro en el desierto, es también de primera importancia recordar que en hebreo, lengua por la cual, esto nos ha llegado, según sabemos por los decisivos trabajos de Claude Tresmontant, siendo por otra parte el Evangelio escrito a partir de notas «reproducidas del natural» por los Apóstoles y los discípulos, en hebreo, la misma palabra *midbar* significa a la vez desierto y pasturaje, es decir, pradera.

El desierto es ante todo sitio de recogimiento en tanto que «espacio» y «tiempo», ya que no es un lugar físico y debe esencialmente ser «interiorizado» para ser verdaderamente ese desierto del que hablan los Padres, por bien que estos últimos se hayan retirado «también» a ese lugar geográfico. El desierto al que nos estamos refiriendo es lugar y tiempo de purgatorio, en otros términos, de depuración del alma que se perfecciona en el ayuno de los sentidos, la soledad y el silencio en el que todo el ser se dispone a «la escucha» de Dios, atento a su palabra murmurada delicadamente en lo más recóndito del corazón.

El manto negro traduce por excelencia este aspecto del desierto. Su «conversión» en verde pastura será, con toda evidencia, perfectamente expresada por la cruz de sinople, por añadidura ribeteada de oro que subraya la acción «madurante» y transfiguradora de Aquél que ha dicho de sí mismo que era la Luz y la Vida y que la tradición de la Iglesia denomina el Sol Invictus.

No olvidaremos tampoco, puesto que hemos hablado de los Carmelitas, que el profeta Elías tenía por sobrenombre «el que verdece» y que el sinople simboliza, entre otras cosas, la curación (tanto del espíritu como del cuerpo). Ahora bien, ¿acaso no resuena todo el Evangelio, de un cabo al otro, de los milagros operados por Jesús, curando las enfermedades tanto del cuerpo como del alma, signos de la miseria del hombre caído? Señalando en particular, que las curaciones de la menorragia y aquellas otras realizadas en el país de Genesaret, fueron cumplidas precisamente a través del simple gesto de los enfermos tocando el manto de Cristo.[74]

. . .

---

[74] Cf. Mt IX, 20-22 y XIV, 34-36. Mc V, 25-34 y VI, 53-56. Lc VIII, 43-48.

El color del manto, así como de la cruz que lo orna expresan las orientaciones mayores de la Orden que los lleva y por consiguiente la vocación individual de los caballeros de la misma.

De manera general, desde las cruzadas, de las que son salidas las grandes Órdenes caballerescas, el color se reparte entre mantos negros y blancos. El color de la cruz varía: cruz blanca (de plata) o verde (sinople) sobre los mantos negros; cruces rojas (de gules) o negras (de sable) sobre los mantos blancos.

Los caballeros de la Orden de los Pobres caballeros de Cristo del Templo de Jerusalén[75] (los Templarios), los caballeros de la Orden de Santa María de Jerusalén[76] (los caballeros teutónicos) y los caballeros del Santo Sepulcro[77] llevaban (y continúa llevando todavía actualmente para la tercera Orden) un manto blanco ornado, para la primera con una cruz paté roja, para la segunda, con una cruz paté negra rebordeada de blanco y, para la tercera, con una cruz de Jerusalén (potenciada y cantonada con cuatro crucecitas) de color rojo[78].

---

[75] Las Órdenes españolas y portuguesas (Órdenes de Alcántara, de Calatrava, de Santiago, de Avis, de Montesa) que, en la dependencia espiritual del Temple y de su tradición esencialmente militar (a diferencia de las Órdenes de San Juan de Jerusalén y San Lázaro de Jerusalén que conjugan la vocación militar con la hospitalaria) fueron especialmente creadas para la lucha contra los moros en España y en Portugal (la Reconquista). Llevaban entonces y continúan llevando mantos blancos ornados con cruces distintas: verde (Alcántara, Avis); roja (Calatrava, Santiago); roja con puntas floronadas en negro (Montesa), roja y blanca (de hecho, dos cruces superpuestas) para la Orden de Cristo.

[76] Esta Orden persiste todavía en nuestros días en Alemania, pero se ha transformado en una orden monástica.

[77] En tiempos de las cruzadas, existía en la iglesia del Santo Sepulcro de Jerusalén un colegio de Canónigos regulares. Por otra parte, unos escuderos cruzados se hicieron adobar caballeros en ese mismo lugar del Santo Sepulcro. Peter Bander van Duren, en su obra «Orders of knightood and of merti», nos explica que la Orden Caballeresca del Santo Sepulcro fue creada por Godofredo de Bouillon, instituyendo así a caballeros con vocación de participar en los capítulos de los Canónigos anteriormente citados. Estos caballeros eran puestos entonces bajo la autoridad del Patriarca de Jerusalén. Después de múltiples vicisitudes ocurridas en el curso de los siglos y tras la pérdida de Tierra Santa, esta Orden fue «reorganizada» en 1847 y 1868 por el Papa Pío IX.

[78] Estas armas retoman las del reino latino de Jerusalén (que son por otra parte y, voluntariamente, «armas falsas» porque son metal sobre metal: de plata, una cruz potenciada de oro cantonada por cuatro crucecitas de lo mismo) dadas en el año 1100 por el Papa Pascual II. Señalaremos al respecto, la gran humildad y fervor cristianos de Godofredo de Bouillon que rechazó el título de rey de los estados latinos de Tierra Santa, considerando que no podía

Los mantos negros (caballeros de las Órdenes de San Lázaro de Jerusalén[79] y de San Juan de Jerusalén) ponen el acento en la humildad y la renuncia, en la desaparición del propio ego en el marco de la renuncia a uno mismo a que invita el Señor : «Si alguno quiere venir en pos de mí, niéguese a sí mismo, levante su cruz, y sígame»[80]. Refieren igualmente a la penitencia, porque la humildad es a la vez el motor y el efecto, y sobre todo a la conversión que transforma (transfigura) a todo el ser en el encuentro del Amor divino.

Los mantos blancos evocan la gracia del Bautismo, pero traducen también, «por anticipación», la luz de gloria de la resurrección de la carne y, más inmediatamente, la virginidad de corazón, la pureza del alma, y la total oblación de la voluntad humana en favor de la Voluntad de Dios. De igual modo, en esta misma perspectiva, vienen a ilustrar estas palabras del Apocalipsis que describe el triunfo de los elegidos, en el cielo, vestidos todos ellos con ropas blancas: «[...] que lavaron sus vestiduras y las blanquearon con la sangre del Cordero».[81]

Las cruces, por su parte, invitan a la misma meditación.

La cruz blanca (como la del Orden de San Juan de Jerusalén) se presenta como el fruto de las Beatitudes, cosechada en el «olvido de uno mismo» en provecho del servicio de los pobres de Jesucristo. Ella revela silenciosamente, por sus ocho puntas, el octavo día, «día» de la Resurrección en el que, como anuncia san Pablo: «Dios será todo en todos»[82].

Su color inmaculado proclama la promesa de la Vida más allá, o más bien en el seno, de las pruebas, del sufrimiento y de la muerte. Ella luce en el corazón de esta humildad (noche-cuna-crisol de la

---

llevar una corona de oro, allí donde el Señor sufrió la corona de espinas. Sólo aceptó gobernar estos estados bajo el título de Santo Sepulcro.

[79] Según algunos historiadores, el manto de esta Orden era inicialmente blanco (con la cruz verde a un lado evidentemente).

[80] Mt XVI, 24.

[81] Ap VII, 14.

[82] I Cor XV, 28.

Pasión, pero de ninguna manera noche del Espíritu) como el lucero del alba, la *Stella Matutina*, que inunda el horizonte con sus fuegos, confirmando la belleza del trabajo del Justo. Además, lo que vamos a decir a propósito de la forma octógona de la cruz verde, vale evidentemente para esta cruz blanca, de forma y virtud idénticas.

La cruz verde (como la de la Orden de San Lázaro de Jerusalén) se ofrece así mismo como fruto de Beatitudes, madurado al sol de esta luz increada con la que está ribeteada y portadora de curación (física y espiritual) por la virtud de la esperanza que encarna a través de su color. Sus brazos huyen en todas las direcciones del espacio (Creación) y de los horizontes del alma para defender la integridad contra los asaltos del Maligno, lo que traduce perfectamente el ritual de investidura caballeresca de los Hospitalarios de San Lázaro de Jerusalén:

> Esta cruz se encuentra punteada en todos sus brazos para enseñaros a estar siempre dispuesto y en todas partes para la defensa de la Fe y para vuestro combate contra los ataques de los enemigos visibles e invisibles.

La cruz roja (como la de la Orden del Temple) es en recuerdo del Sacrificio de Amor de Nuestro Señor en la Cruz, por la Salvación del mundo. Ella es también imagen del consentimiento que a su vez cada cristiano, pero más particularmente cada caballero, ha dado por su bautismo y sus votos caballerescos, para el sacrificio de su sangre y de su vida. Ella testimonia de igual modo que este sacrificio es entonces cumplido «a imitación de Cristo», es decir libremente y, con fuerza en la Fe y la Caridad. Esta cruz roja es «paté» (en el caso del Temple) para significar el reino invencible de Cristo un su libre Pasión, León de Judá y Cordero de Dios a la vez. La cruz roja promete igualmente al caballero que la porta con verdad, obtener la realeza espiritual.

La del Santo Sepulcro es justamente potenciada por razón de su carácter de *via crucis* que lleva a la madera del suplicio (cruz plantada, potenciada), pero también para afirmar que la Cruz se transfigura en árbol de Vida. Ella exalta y manifiesta así el poder (*potentia*) del Crucificado, humillado y glorificado y de cada hombre que a él se configura, acompañándolo y llevando con Él la cruz, su cruz, como nuevo Simón de Cirene. La cruz del medio es cantonada, dicho de otra manera, acompañada de cuatro otras cruces más pequeñas, en recuerdo, por este número total, de las cinco llagas del Crucificado. La iconografía cristiana denomina *signaculum domini* a estas representaciones de las cinco llagas mayores del Crucificado (manos, pies y costado derecho). Heridas por las que Dios curó a la humanidad de los efectos mortales de la Caída por la efusión de su Preciosísima sangre.

Cabe destacar aquí una enseñanza de la ciencia heráldica que se aplica por excelencia a los mantos de caballería blancos con cruces rojas. Según los heraldos medievales, en efecto, el oro (color amarillo) es obtenido por la «fusión» de la plata (color blanco) con el gules (color rojo).

De este modo, por la «Obra en blanco» de la virginidad de corazón, recobrada gracias a la conversión y fecundidad del Bautismo y por la «Obra en rojo» de la fuerza y la fidelidad en la fe y la caridad, vivificadas por los frutos pentecostales de la Confirmación, el oro espiritual que es «obtenido» encarna la luz de gloria del Resucitado y, como consecuencia de ello, la promesa a todo aquel que lo habrá «imitado» en espíritu y en verdad. Es la luz del octavo día en el que se opera la visión beatífica y la comunión de los santos. El caballero debe pues «revelar» este oro que lleva en sí mismo y cuya presencia es (todavía) secreta o «en germen» para su perfecta identificación en los colores de su manto.

La cruz negra propone un camino de renuncia y humildad como ya hemos dicho. La cruz no hace más que intensificar el simbolismo del negro (el sable) puesto que se trata precisamente, de un camino de cruz; una encrucijada para el alma que se «revela» en la prueba y ofrece así la medida de su amor configurándose a la de Cristo, sufriendo libremente su Pasión en el «retiro» voluntario de su gloria divina:

Porque el que quiera salvar su alma la perderá; y el que pierda su alma por causa mía, la hallará.[83]

No deja de tener interés observar que la cota de armas que, como todo caballero de la época, los caballeros de la Orden de Malta, de San Lázaro de Jerusalén, del Temple y Teutónicos llevaban sobre su cota de malla, era de los colores, no del manto, sino del *vexillum belli*, es decir del estandarte o bandera de la Orden.

Se puede discernir en ello la primacía de lo espiritual (el manto, carácter monástico de estas Órdenes) sobre lo temporal y militar (la cota de armas protegiendo la loriga o cota de mallas), aunque esta misión y esta vocación militares sean ellas mismas santificadas por el compromiso monástico y ambas ordenadas, éste es claramente el caso de decirlo, de acuerdo a dicho compromiso.

Así, la bandera de la Orden de San Juan de Jerusalén (todas las ramas históricas confundidas) es roja con la cruz blanca[84] (figurando la cruz de las Beatitudes sobre el manto) mientras que su *Vexillum belli* es rojo con la cruz blanca de forma griega (brazos iguales en sus extremidades tocando los bordes del *Vexillum*). Sucede lo mismo para las Órdenes de San Lázaro de Jerusalén y para los caballeros Teutónicos, siendo las cruces respectivamente verdes y negras. Sin embargo, para la Orden del Temple, el estandarte es el célebre Beaucéant (color pío en términos medievales) que presenta una forma cortada horizontalmente (y no verticalmente como algunos han escrito): una parte inferior de color blanco rematada por otra de color negro, mientras que su vexillum belli es blanco con una cruz paté de gules (como en el manto). Dedicamos

---

[83] Mt XVI, 25.
[84] Aunque bien es cierto que en el comienzo de su historia los caballeros de San Juan de Jerusalén han llevado también el estandarte negro con la cruz blanca.

por otra parte un capítulo al estudio de esta bandera tan conocida y por ello mismo, tan poco «comprendida».

Las cotas de armas de los caballeros de estas Órdenes eran pues estrictamente idénticas, de tal suerte que, en este caso, el estado caballeresco se presenta como dependiente, sometido y, en realidad, justificado y «patrocinado» por el estado monástico.

Se puede decir que el señorío de la Orden, real en el plano del derecho feudal, se fundamenta y legitima en la raíz celeste de su doble naturaleza, caballeresca y monástica, militar y contemplativa, revelando el vasallaje de la primera respecto a la segunda. Nada de más normal, en resumen, puesto que todo caballero, en tanto que miles Christi, es ante todo un hijo de la Iglesia a la que se debe y de la que por otra parte es su primer defensor.

Al lado de las Órdenes salidas de las Cruzadas, podemos citar, entre las más importantes, las Órdenes siguientes que llevan mantos con sus «colores»:

- La antigua Orden de la Estrella y de Nuestra Señora del Monte Carmelo, refundada en 2014 por Monseñor el Conde de París Duque de Francia, de jure Enrique VII, Jefe de la Familia Real de Francia. El manto es blanco ornado con una cruz paté de ocho puntas de color de amaranto, ribeteada de oro, y sobre la que está cosida una estrella de oro de cinco brazos. No volveremos sobre el significado del manto blanco ni sobre la bordura de oro de la cruz. Esta cruz, que es la de las Beatitudes, por su color amaranto (rojo oscuro tirando a púrpura), ilustra a la vez la Pasión de Cristo, su Victoria sobre la muerte y la Salvación de las almas ya que este color, relacionado con el púrpura, le imprime su significado: la «transfiguración espiritual» del gules (sangre del mártir) en Sangre real del Resucitado, Cristo Pantocrator (soberano, en Majestad) a la derecha del Padre y así pues en la realeza «adoptiva» («filii in Filio» según la definición teológica), en el Cielo, de todos los resucitados en Cristo.

La Estrella de oro recuerda que el Señor es así designado: «*Yo, Jesús* [...] *yo soy la raíz y la raza de David, la Estrella brillante de la ma-*

ñana[85], como ella es, por doble razón, un símbolo de su Santísima Madre, comportando, en efecto, las Letanías de la Virgen la invocación: «Estrella de la mañana, ruega por nosotros», mientras que un himno en gregoriano de los siglos VII al IX proclama desde hace más de mil años: «*Ave Maris stella*»[86]. Esta estrella es de cinco brazos ya que las tradiciones heráldica e iconográfica han retomado siempre este símbolo del «hombre universal», es decir del ser humano ontológicamente entendido: la cabeza y el busto erguidos, los brazos extendidos en cruz y las piernas puestas como un compás abierto[87], perfectamente inscribible en una estrella de cinco puntas, a la que de algún modo define.

- La Orden del Toisón de Oro, instituida por Felipe el Bueno, duque de Borgoña en 1430. El manto es rojo. Sin embargo, adopta una forma distinta a la del manto que acabamos de describir. Se trata más bien de una especie de toga ancha, de un «drapeado» a la moda en el siglo XV (acompañado de una caperuza del mismo color) y no de aquello que llamaríamos hoy una capa. Este manto no lleva ningún signo en particular. Su color se refiere ante todo a la joya de la Orden, un cordero suspendido de una piedra de fusil irradiando llamas, relacionada a su vez con la leyenda de Jasón y los argonautas.

En el plano caballeresco y cristiano, el color de este manto insiste en la virtud de la Fuerza, a la vez don del Espíritu Santo y firme voluntad del alma humana en la consecución del «trabajo espiritual». Traduce la necesaria actividad de este fuego interior, que ponen en acción aquellos que conocen y aman la divina Sabiduría y que únicamente sabe quemar las pasiones e iluminar el corazón. Este color «anuda» de manera íntima el ardor del caballero, que se lanza a la ascensión al cielo y la Pentecostés del Espíritu, que desciende sobre él para ayudarlo a elevarse. Bodas místicas.

---

[85] Ap XXII, 16.
[86] «Te saludamos Estrella de la mar».
[87] Cf. Una de las posiciones del célebre dibujo de Leonardo da Vinci, denominado «el hombre de Vitruvio». Vinci trazó su dibujo de acuerdo al texto de «Proporción del cuerpo humano» redactado por Vitruvio, el célebre arquitecto romano.

- Los caballeros de la Orden Constantiniana de San Jorge y de la Orden inglesa de la Jarretera llevan los mantos azules (azur). En el caso de la Orden de la Jarretera de un azul más oscuro.

El color de estos mantos expresa el señorío de sí mismo que cada caballero auténtico debe tener, sino recobrado, cuando menos buscado para hacer reinar en su lugar, en realidad, al Señor mismo, fuente de toda realeza y verdadero rey de este reino interior. El color azul invita a ejercer una plena maestría de uno mismo por la translucidez de la Luz del Espíritu Santo del que el color de ese manto es uno de sus «colores» y justifica entonces un papel efectivo en el gobierno de los hombres. Su sentido último se ilustra e ilumina con estas palabras de san Pablo: «y vivo, pero ya no yo, sino que vive Cristo en mí».[88]

Ahora bien, estas palabras son aplicables también y, por excelencia, al manto de la consagración del rey de Francia: de azur sembrado de flores de lis de oro, que manifiestan su persona y el carácter sagrado. El rey, ungido con el santo crisma, es tradicionalmente contemplado como «el obispo de afuera». Recibe con la consagración un carisma taumatúrgico, el de curar las escrófulas en nombre de Dios[89] del que ostenta su lugartenencia en el reino, su legitimidad que él «representa» en el sentido pleno del término:

«En verdad, en verdad os digo: si algo pidiereis al Padre, os lo dará en nombre mío. Hasta ahora no habíais pedido nada en mi nombre: pedid y obtendréis para que sea colmada vuestra alegría»[90]. Esta es el alma de la monarquía francesa; su carácter y su gracia, en términos teológicos.

Este manto real era sembrado de flores de lis, como estrellas existen en la bóveda celeste, en este azur, imagen de la Justicia y la Paz de Dios, encarnando estas lis, precisamente la Majestad de Cristo Rey.

- Los caballeros de la Orden escocesa del Cardo (antaño Orden del Cardo y de la Ruda) llevan un manto de color verde oscuro.

---

[88] Gál II, 20.
[89] El rey pronunciaba estas palabras al tocar las llagas de los enfermos llegados en tumulto el día de la consagración: «El rey te toca; Dios te cura».
[90] Jn XVI, 23.

Hemos examinado ya el significado espiritual del color verde, evocando la cruz del manto de la Orden de San Lázaro. Muy a menudo la iconografía cristiana, en particular en el caso de las vidrieras, representa la cruz de la Pasión de color verde con el fin de señalar que, como nuevo árbol de Vida, se constituye en instrumento de Salvación: curación del alma, renovación ontológica de cada bautizado (la Vida eterna en Cristo) y que se relaciona con la virtud teologal de la Esperanza.

Por lo que concierne a la cruz de la Orden constantiniana de San Jorge, hay que saber que es de color rojo y floronada (o flordelisada, es decir, que sus puntas son terminadas en forma de flores de lis), cargada por un crismón de oro «resaltado». Su carácter flordelisado traduce la soberanía de Cristo y la renovación de toda la creación, fruto de la Resurrección que la ha liberado así del peso de la Caída y hace «reflorecer» la naturaleza humana (jardín del Padre en el que Adán y Eva vivían en «transparencia de alma» bajo la mirada de Dios). El crismón, primera insignia cristiana (el *Labarum*) llevado por las legiones romanas del Emperador Constantino proclama que es únicamente en el Nombre del Señor donde esta potencia de Vida y de perdón residen.

En el mundo tenéis aflicción; pero, confiad, yo he vencido al mundo.[91]

---

[91] Jn XVI, 33.

EL CAMINO DEL ESCUDERO

Sin duda habríamos podido situar este capítulo al comienzo de este libro, puesto que la condición de escudero, precede al estado caballeresco, pero esta lógica puramente formal, no respondería a la economía general de este libro. En efecto, nos ha parecido evidente entrar de inmediato en el corazón de nuestro asunto a fin de exponer los arcanos del mismo. Es a su luz que la condición y misión del escudero pueden ser íntimamente percibidos.

. . .

El estatuto de escudero es originalmente indisociable del recorrido caballeresco. Constituye, en el seno de esta Fraternidad de armas, lo que la tradición medieval de Oficio (artesanos) designa bajo el nombre de Aprendiz, el que lleva normalmente un mandil o delantal de piel blanca, en particular entre los Compañeros talladores de piedra.

Su nombre evoca una de sus funciones: fuera de las batallas, en particular, cuando las largas cabalgadas, lleva el escudo del caballero al que sirve. En el combate, es el escudo de los escuderos con el que se protegerá. Calza espuelas de plata mientras que el caballero calza espuelas de oro.

El escudero aprende el oficio de las armas y el espíritu de la caballería efectuando su noble servicio (que anteriormente hemos citado) al servicio de un caballero que, por lo general, será el mismo que lo adobará cuando llegue el momento. Ayuda al caballero a equiparse; tiene a punto sus armas y, llegado el caso, combate a su lado.

La condición de escudero debe ser entendida como de tiempo probatorio, un auténtico noviciado como viene a ser de regla en la mayor parte de Órdenes religiosos y monásticos. A título de ejemplo, la Orden anteriormente mencionada de los Caballeros Bienhechores de la Ciudad Santa, mantiene esta tradición: el Escudero Novicio, nombre dado a aquél que es admitido en esta Orden de caballería, debe de este modo demostrar su cualificación para la vía caballeresca para poder merecer el armamento. Añadiremos que, en este caso, el calificativo de Novicio no debe entenderse en el sentido de «no aguerrido todavía» sino más bien, mutatis mutandis, en el de noviciado espiritual que hemos evocado a propósito de los Órdenes religiosos.

La Orden Militar y Hospitalaria de San Lázaro de Jerusalén, por su parte, respeta igualmente esta tradición. Existe un período que bien podría cualificarse como de «tiempo del escudero», aunque este calificativo de escudero no sea utilizado stricto sensu en sus textos, desarrollándose en tres etapas (miembro, oficial y comendador)[92] en el curso de las cuales las autoridades aprecian la calidad del compromiso de los interesados mientras que debe transcurrir un mínimo de tres años antes de proceder a la investidura caballeresca. No obstante, existe una derogación al respecto, que permite el adobamiento inmediato desde el momento en que el candidato(a) presente pruebas de su pertenencia a la Nobleza europea, haciendo valer el principio que la «buena sangre no sabe mentir» y en línea recta con la divisa de la Orden: «*Atavis et Armis*»[93].

---

[92] Estos nombres son traducidos del inglés. Los dos últimos, que pueden prestarse a confusión en lenguas latinas, no se refieren en absoluto a una función de mando, lo que por otra parte cae por su propio peso, al tratarse precisamente de grados probatorios en la Orden.
[93] «Por los Ancestros y por las Armas».

Como hemos visto, el blanco es el color heráldico del escudero. Además del color plata de sus espuelas, el blanco firma su escudo de armas, que toma un nombre específico: la Tabla de espera. Es este mismo escudo el que llevan todos los escuderos ya que, en ese momento de su recorrido, se encuentran todavía en un estado de infancia caballeresca y este estado común a todos los escuderos prevalece sobre toda otra especificidad personal.

Consideremos más precisamente el blasonamiento (la descripción en lenguaje heráldico) del escudo propio del escudero: de plata plano, lo que significa íntegramente blanco, dicho de otro modo, virgen. En esa disposición, encarna de la manera más «parlante» –por retomar una de las expresiones de la Noble Ciencia– al ser del escudero, su campo de posibles; el campo del escudo de armas en el que figurará, en la plenitud de su tiempo interior, la traducción de sus potencialidades, sus fuerzas, pero así mismo sus fallos corolarios. Este blasón será entonces iluminado, en el sentido que la luz al bañarlo, iluminará los rasgos de su portador, convertido en caballero[94].

Sí, este escudo de plata plano se aparenta al espejo todavía virgen de un rostro, pero en el que a medida que se va desarrollando su búsqueda, el escudero va aprendiendo a discernir y darse cuenta que la imagen que está viendo reflejada no es otra que la suya: su retrato heráldico, dicho también espiritual, haciendo aflorar los colores de su alma a través de esos trazos. Entonces, será trabajo de los heraldos de armas el ayudar a formalizar (en pleno sentido de la palabra) este nacimiento; a «fijar» los rasgos, en otros términos, a revelarlos. Recordaremos que en este caso fijar no es paralizar y que revelar, etimológicamente, significa también desvelar, ciertamente, pero también volver a velar de nuevo en esta revelación

---

[94] La presencia mayor de la luz en el blasón –al igual que el verbo ligado al escudo– se manifiesta en esta fina línea negra (de arena) que marca la sombra proyectada en el lado izquierdo (a la derecha del que mira, esto, en términos profanos) las figuras (piezas y muebles). De hecho, se supone que la luz surge del punto diestro del jefe (desde el punto más alto a la izquierda de la persona que lo mira).

porque todo símbolo, tan solo es plenamente «descubierto» que en el Cielo.

No nos detendremos de nuevo en el término de Tabla (del latín tabula), del que explicitamos el significado en una anterior obra nuestra[95], prefiriendo concentrarnos en esta espera que hace de ella, toda la razón de ser de esta Tabla; expresando su naturaleza y el papel que desempeña.

Este nombre es doblemente significativo. Primeramente, lo relaciona con aquello que ha de advenir (se trata, en efecto, de un tiempo de adviento personal) para aquel que aspira a la caballería, justamente a sus caminos aventurados[96]. Este blasón en devenir se halla realmente a la espera: a la espera de la manera en que el escudero va a ilustrarlo –término que connota de manera eminentemente significativa luz y símbolo gráfico. Sin embargo, la espera de la que se trata deberá ser otra cosa absolutamente distinta a la que el sentido habitual –profano– de la palabra entiende.

El sentido en cuestión se sitúa radicalmente en oposición a toda pasividad quietista del escudero, que esperaría a que las cosas se produjeran, de alguna manera, por sí mismas. Debe, por el contrario, mostrarse intrépido, cualidad caballeresca por excelencia: en otros términos, voluntarioso, valeroso, pertinaz y resiliente en su búsqueda y su realización anhelada. Esta es una clave espiritual: es preciso ir siempre por delante de sí mismo, en otras palabras, a atreverse a encontrarse con uno mismo.

A continuación, el calificativo de plata plano, lo que quiere decir sin trazados (particiones) ni figuras (piezas y muebles heráldicos) ni otros colores, por supuesto, indica que no tiene relieve (ni es relevante): plano es salido del latín *planus* que significa liso, luego sin ningún relieve. Ahora bien, es sabido que las figuras y colores del blasón deben comprenderse y leerse como una pasta de hojal-

---

[95] *Luces y Secretos del Blasón. El lenguaje clave de la Caballería*, Editorial Delfos, abril 2023, pág. 34-35.
[96] La raíz es común a estas tres palabras.

dre: hecha a partir de hojas superpuestas, al igual que algunas pueden también acompañarse, pero esto indica entonces que ellas se sitúan precisamente en el mismo plano.

Un blasón aparece, así como en relieve. La perspectiva, siendo inexistente en heráldica[97] (no hay líneas de fuga posibles para un caballero, mientras que toda perspectiva está basada sobre este principio), se encuentra como transfigurada (éste es el momento de decirlo) por esta profundidad. Esto no tiene nada de sorprendente ya que el blasón traduce la profundidad del ser, no cualquier tipo de superficie social, en particular. Es evidente que un escudero no ha adquirido todavía suficiente «relieve» en el seno del *cursus honorum* de la caballería para llevar tal blasón.

Este escudo plano indica también de manera velada para quien no está iniciado en la ciencia del blasón que el escudero se encuentra al pie de la escalera de la vida caballeresca; que da así su primer paso como aspirante a caballero en un nivel porque aún no está «a la altura» del estado al que aspira. Tendrá entonces que probar que puede subir estos peldaños, tanto los del oficio de las armas como los del camino espiritual, si realmente quiere realizar su vocación.

La plata pues, marca esta Tabla de espera, primer color de todos los blasones de aquellos llamados a la vía de la caballería –y no puede ser otro que este color inicial e iniciador a la vez– encarnando la humildad, la pureza y la receptividad activa que debe caracterizar a todo verdadero escudero al igual que a todo cristiano en su encuentro con el Señor.

La interacción entre el escudero y su Tabla de espera constituye su primer encuentro con su futuro blasón. Este último permanece en gestación (observaremos el parentesco de este término y el de Gesta caballeresca, lo cual no es en nada anodino)[98] bajo este velo blanco. Siendo propedéutico al estado caballeresco, este camino, este encaminamiento, es un camino clave de suerte que encuentra

---

[97] Como en los iconos, por otra parte, y por razón de que dan acceso al mundo celeste.
[98] En latín: *gestus*, actitud, movimiento del cuerpo y gestación, acto de llevar.

consubstancialmente una resonancia (en todos los sentidos del término, una vez más) en esta Tabla de espera. Por otra parte, lo que vive el escudero en este sentido debe normalmente proseguirse a lo largo de toda su vida en caballería porque su vínculo con el blasón, nacido del cumplimiento de este camino –preludio del de su búsqueda propiamente caballeresca– le será tanto más fecundo y operativo.

Es lo que vamos a ver ahora.

Probándolas al fuego de la fe y de la ascesis cristiana, «rectificándolas» en el pleno sentido del término, estas palabras de Nietzsche toman una dimensión propiamente escatológica: «Lo único que os ha de acontecer es ser vosotros mismos». Juntamente con la célebre máxima de Píndaro que anteriormente hemos citado (retomada por otra parte por Goethe bajo la fórmula «Conviértete en lo que eres»), son las dos expresiones lapidarias más perfectas para definir la esencia de la Ciencia Heroica o Arte del Blasón y por otra parte de toda la Gesta caballeresca. Es por lo que, nos ha parecido que estas dos citas eran, estrictamente hablando, esclarecedoras en lo que concierne a la acción del futuro caballero, y más allá, de todo portador «consciente» de un escudo de armas.

Conviene simplemente completarlas con una ilustración, entresacada de Lanzarote en prosa:

> Lanzarote del Lago, caballero de la Mesa Redonda y de la Gesta del santo Grial, padre de Galaad, el mejor caballero del mundo, lleva las armas siguientes: «de plata, tres bandas de gules». Ahora bien, dichas armas no le son conferidas «al completo», sino muy al contrario, le son dadas en tres tiempos. En efecto, la Dama de la Dolorosa Guardia, que él ha sabido liberar, le entrega sucesivamente y después que haya acabado victoriosamente sus tres aventuras primeras o sus tres primeras pruebas, lo que viene a ser lo mismo, un escudo de plata con una, luego con dos y finalmente con tres bandas de gules, lo que le da la fuerza de uno, luego de dos y finalmente de tres hombres.

Recordemos, al respecto, la enseñanza de san Pablo sobre el hombre así revelado en cuerpo, alma y espíritu, unidos para formar un sólo ser único, una persona a quien solo Dios, el Padre Creador, ha dado una identidad, ciertamente todavía escondida incluso a ojos del propio interesado, pero que tiene precisamente por misión espiritual el descubrirla y cumplirla; persona única con amor personal por sí misma, cuya plenitud se manifiesta por la Resurrección, tal como el Señor nos la promete y ofrece.

Estos tres hombres, esta fuerza de tres hombres, ¿no es acaso la del hombre reencontrado, obra maestra del Eterno?, devuelto, reintegrado, podríamos decir a su estado glorioso y gozando de la plenitud de su estado, de su «identidad celeste»; seguro de la Fuerza de Dios para ser testimonio del santo Amor divino en los planes de la Creación y hacer reinar su Justicia; la cual finalmente no es más que un modo particular de manifestación.

También, habida cuenta de toda la riqueza propedéutica que la confirma como una verdadera «llave» del descubrimiento de uno mismo, la Tabla de espera aparece, de manera muy real, es decir muy eficaz, si el futuro portador del escudo de armas, el joven escudero en la tradición caballeresca, comprende bien el tiempo de aquello que no se podría denominar mejor que su tiempo de noviciado, un «lugar del alma», dicho de otra manera un espejo revelador de la vocación del ser, así pues de él mismo en su misterio esencial. Espejo del ser en busca de sí mismo, búsqueda que no es otra que su encuentro con Dios, su Padre, que no es más que su «santo Encuentro» personal e íntimo, en la luz del Espíritu Santo y la renovación ontológica operada por el Hijo, Verbo divino encarnado, crucificado y resucitado.

Es igualmente un «lugar» de misterio, ya que esta Tabla de espera expresa a la vez un espacio interior y una misión cósmica, es decir que, encuentra su justificación y su acción por completo en el plan de la Creación y en el de la Redención. Por otra parte, los Padres ¿acaso no han discernido y enseñado que el hombre era expresamente llamado por Dios para cooperar activamente en la Redención, absolutamente perfecta, de Nuestro Señor?

En esta calidad, a aquel que, con toda libertad y en consecuencia con todo amor, desea cumplir su destino espiritual, la Tabla de espera operará el resurgir de su vocación espiritual, ésta llamada que Dios ha lanzado y plantado como un árbol de vida en su corazón, desde el origen de los tiempos.

San Pablo nos enseña la diversidad de carismas en la unidad del Espíritu Santo: «Y hay diferencias de dones, pero el Espíritu es el mismo. Y hay diferencias de ministerios, pero es uno mismo el Señor. Y hay diferencias de operaciones, pero es uno mismo el Dios que lo opera todo en todos. A cada uno se le da la manifestación del Espíritu para lo conveniente. Al uno, en efecto, se le da mediante el Espíritu palabra de sabiduría, al otro, palabra de conocimiento según el mismo Espíritu, a otro, fe con el mismo Espíritu, al otro, dones de curaciones por ese solo Espíritu, a otro, eficacias de prodigios, al otro, profecía, al otro, distinciones de espíritus, al otro, linajes de lenguas, al otro, interpretación de lenguas. Mas todas estas cosas las opera el único y mismo Espíritu, distinguiendo particularmente para cada uno según quiere»[99].

El apóstol subraya igualmente dos puntos esenciales: por una parte que, estas diversidades de dones y en consecuencia de acciones no dividen en modo alguno la comunidad cristiana, la Iglesia, cuerpo místico de Cristo, siendo cada uno de sus hijos, precisamente a través de sus propios carismas, miembro indisoluble, unido al Señor y sus hermanos. Por otra parte, que todos estos dones del Espíritu no son nada si no son vividos y cumplidos en el don y la Virtud que los sobrepasa a todos, la Caridad, es decir el Amor: «La Caridad nunca desfallece (...) Ahora se mantienen la fe, la esperanza, la caridad; y la Caridad es la mayor de ellas»[100].

---

[99] I Cor XII, 4-11.
[100] I Cor XIII, 8-13.

Si el hombre, si el escudero, sabe «ver y oír», como bien dice el Evangelio, entonces se convierte en lo que es, o quizá mejor en lo que el Señor aguarda y espera que «vuelva a ser»; y se conoce a sí mismo y conoce a Dios según el conocimiento del corazón, porque Dios le conoce, o mejor aún, lo reconoce, en todos los sentidos del término, según su verdadero rostro y en su justo lugar, tal como su divina Sabiduría lo desea para la salvación de su alma y la salvación del mundo.

Los trazos y los colores, la «forma»[101] de las armas emergen de la superficie de plata como de un silencio, de un desierto o del mar. Este «Decir» de trazos y colores no se revela sin embargo si no es a la escucha del corazón, ojos y oídos tendidos, dispuestos o más bien «dados» a la Presencia edificante del Espíritu; vueltos hacia la interioridad para prender la Verdad escondida de su ser y expresarla, hacerla explícita en todos los sentidos del término. Teniéndolo todo en cuenta, resulta asimilable esta «espera», que de hecho es una siembra, a la vez que parto, con el espíritu planeando sobre las Aguas: en efecto el Escudero debe dejar navegar su espíritu por encima de la plata plana de la Tabla de espera, sumergiendo su mirada. Tabla que, al final de las revelaciones, se convertirá en Mesa de Encuentro con el Señor, la Mesa del Banquete y las Tablas de la ley, su ley personal que podemos llamar también vocación, entonces manifestada en sus Mandamientos a través de las figuras y sus colores.

Hay una palabra clave de la Tabla de espera: «cumplir». Ya que la espera de la que se trata se presenta como todo lo contrario a un inmovilismo o pasividad. En efecto, conviene desterrar al referirnos a esta palabra toda idea de inactividad al igual que la simple aspiración psicológica y afectiva a recibir «hechos» los esmaltes del blasón. Se trata aquí de una receptividad actuante, aguda y discer-

---

[101] Vale la pena recordar que, en latín, forma también significa belleza. Una forma correcta, por tanto verdadera, es por lo tanto una forma bella. Un verdadero escudo de armas siempre es hermoso; por supuesto, no estamos aquí en el marco de la subjetividad estética.

niente; el escudero debe tenerla naturalmente y ponerla constantemente y fielmente en práctica. ¿Se podría concebir por otra parte, que la progresión espiritual pudiera admitir este tipo de comportamiento de abandono y pereza en que el hombre se limitara a esperar órdenes? Nuestro Padre, que nos quiere, nos crea y llama sus hijos y amigos, tiene una más alta atención por nosotros y deseos más delicados.

Esta espera, en virtud de las correspondencias propias a esta lengua espiritual que los antiguos heraldos denominaban lengua de los pájaros para designar la lengua de los pájaros del Cielo que son los ángeles, es pues también atención, es decir vigilia y guardia del corazón. Es a este despertar y a esta guardia que invita el ritual de la divina liturgia de san Juan Crisóstomo celebrada por las Iglesias Ortodoxas cuando son abiertas las Puertas santas y la Cortina ante el altar en Presencia real del Cordero divino y que el Diácono proclama: «¡Las puertas! ¡Las puertas! ¡Sabiduría! ¡Estemos atentos!».

Esta atención en particular no es una simple atención de conveniencia y respeto, ni tampoco una atención intelectual; es una apertura del alma y del corazón, de todo el ser del cristiano ante la divina Presencia, ante la divina Palabra. Ya que nada le es más íntimo, por esencia y por gracia. Espera: como primer acto del cumplimiento. Cumplir, significa a la vez: interiorizar su pregunta (búsqueda y pregunta son de idéntica raíz celeste y se «responden» muy realmente en este orden de cosas)[102] y alcanzar intuitivamente la revelación que el Espíritu Santo infunde en el alma abierta, ofrecida al recogimiento.

Este recogimiento, fruto de la soledad interior (más que del aislamiento físico), de la humildad, del silencio del ser, es la actitud fundamental para que el Padre le insufle con precisión, a través de los trazos y colores de su blasón, su nombre eterno e increado.

---

[102] Perceval retarda de este modo su búsqueda cuando llega al castillo del Rey Pescador, al no atreverse a plantear la pregunta esperada y que le quema en los labios, al ver pasar silenciosamente ante él el santo Grial y la lanza sangrante.

Este nombre por el que lo llama y emana en un ser único e incomparable a ningún otro, pero a la vez también íntimamente unido a Él como a sus hermanos en humanidad y cooperando con ellos en la Gran Obra de la Redención Universal.

La espera es aquí una mirada activa que debe traspasar el velo de las apariencias y las formas, del tiempo y el espacio, para descubrir (podríamos escribir aquí desellar, en el doble sentido en primer lugar de desellar una piedra, en recuerdo de una de los calificativos propios de las letanías de la Virgen: «Fuente desellada» en el bien entendido de las Gracias, y después en el sentido de desellar un sobre lacrado, rompiéndolo –Fracción del Pan– los sellos que lo cierran) los planos invisibles en los que obran los ángeles, pero también los demonios, los ángeles caídos, donde los arcanos divinos se revisten de velos para manifestarse sensiblemente «sobre la Tierra».

Tradicionalmente, esta tabla de espera es un escudo de plata plano. También dicho blanco y virgen de todo trazo, de todo signo. Se presenta así como viva imagen de la virginidad del alma del escudero, de la pureza de su deseo que es una querencia, una aspiración, podríamos decir inclusive una inspiración, espiritual. Este escudo de plata plano es a la vez el agua espejo y la cera ardiente donde debe venir a reflejarse e imprimirse la marca (en todos los sentidos del término) de su verdadera persona, todavía desconocida por el interesado mismo antes de la realización de su estado. Ella se dibuja a través de la representación simbólica de sus aventuras interiores y exteriores ya que, en este ámbito, cuando son vividas en verdad, unas y otras se conjugan, se responden entre ellas, y con todo fundamento, se confunden.

Es de la calidad de esta espera, cuyo nombre secreto es deseo del alma como hemos visto, de esta plata plana que debe ser el fuego ardiente pero dulce y paciente de la humildad, y de la escucha activa del corazón que dependerán la belleza, la verdad y la fuerza de las armas que luego se incorporen.

A buen seguro, el color del campo del escudo podrá cambiar en función de la tonalidad profunda de aquel que se habrá convertido en caballero, o estará a punto de ser armado, adobado; pero, de alguna manera, en el tabernáculo de su corazón, la tabla de espera permanecerá como un recuerdo vivo de las virtudes de la humildad y el candor que forman el terreno fecundo de toda alma cristiana.

La mirada del escudero penetra en este espejo para discernir un rostro: el suyo propio que no conoce todavía; se proyecta y se adivina en referencia a estos caminos aventurados como los describen las novelas artúricas, a su linaje y también a sus Altos hechos, que orientan su sangre («bella sangre no sabe mentir», bueno y bello son nociones idénticas para el hombre de la Edad Media). Precisamente esta espera atención, esta tensión, constituyen la osamenta del trabajo interior, el cual, ligado a la práctica activa de las virtudes de la caballería nutridas a su vez por las virtudes teologales de la Fe, la Esperanza y la Caridad, deberán conducir al escudero a discernir su vía personal, su vocación específica en esta relación única y misteriosa que existe entre Dios y cada uno de sus hijos.

En efecto, si todos nosotros debemos, a «la hora» querida por el Creador, reunirnos, unidos, pero no confundidos, en la Jerusalén Celeste, en lo que la Iglesia define como la visión beatífica, cada uno de nosotros, para lograrlo, deberá, en primer lugar, discernir, para luego realmente cumplir el camino que le es personal y que la Providencia le ha trazado «desde toda le eternidad». Ya que, si bien todos los caminos nos llevan a una misma culminación, a un mismo «lugar», a la misma «Persona» que es Dios Santísima Trinidad, ninguno de estos caminos es absolutamente idéntico a los otros, sean estos consonantes o ligados por un común ideal o una confraternidad espiritual y cada alma sea llamada según su realidad interior: esta es, en toda verdad, su «vocación», su razón de ser.

Es esta vocación que el caballero persigue y busca cumplir y que, durante su tiempo de noviciado como escudero, debe aprender a reconocer y admitir, a oírla, revelándose esta vocación en sí mismo.

La puesta en orden, el trazado regulador de esta cuestión, se encarnan gracias a la Noble Ciencia o Heráldica que opera entonces la traducción y la proclamación ideales, compuestas de armonía de formas, medidas y luces. La armonía se afirma en efecto como el polo de acción caballeresca, y partiendo de allí, debe en primer lugar constituir la realidad interior del caballero, manifestada por sus armas, y también, exteriormente, por su mantenimiento, por su honor igualmente que extrae de ahí su origen y su justificación. Es conjuntamente los fundamentos, la vía y la finalidad de aquel que coopera en la Restauración de la verdadera faz de la Naturaleza y de los seres, en la restitución de su armonía primordial, de su belleza que no es otra que su teofanía: una Presencia de Dios; la presencia en Dios… Obra vinculada al misterio de la Transfiguración.

Consideremos brevemente esta palabra: armonía; y veremos en qué medida es central en el encaminamiento que se ofrece tanto al escudero como al caballero al igual que a todo portador de un blasón y qué atención, en este aspecto, se le debe otorgar. Etimológicamente, en su raíz griega, armonía significa: ajuste, arreglo, lo que importa, cuando se trata de elementos dinámicos y a fortiori de movimientos vitales o de edificación espiritual, el sentido de buena articulación de las junturas; dicho de otra manera, este término anuncia que las articulaciones «juegan» bien. Es indicativo de diversas nociones-clave (en el pleno sentido de la palabra por otra parte).

La articulación en primer lugar, tanto la del cuerpo como la del lenguaje y no hablemos por lo demás de un lenguaje del cuerpo, principalmente evocando posturas rituales (por ejemplo, cuando la celebración de la santa Misa, la ordenación sacerdotal o la toma del hábito monástico, a través igualmente de ciertas actitudes de oración y en definitiva cuando el armamento caballeresco). Articulación, pues, que permite comprender y ser comprendido, sea por la exclamación de la palabra, sea a través del lenguaje mudo de la expresión física. Entonces captaremos mejor la dimensión de lo que se acostumbra a denominar una puesta en orden o una «llamada al orden», que supera de lejos la simple aplicación moral o moralizante inmediatamente perceptible, y por otra parte totalmente justificada en el plano que es el suyo.

La libertad, a continuación, inducida por el libre movimiento de las junturas, que expresa un cuerpo, un lenguaje o un espíritu desligado, a saber, liberado de las ataduras de la Caída. Esta libertad se convierte en juego ya que ella deja de ser la manifestación de un querer individual y humano para pasar a ser el cumplimiento de la Voluntad del Todopoderoso, y así pues del «Juego divino».

En las junturas, en definitiva: sobre los hombros (junturas superiores, allí donde según la iconografía, nacen las alas de los ángeles) que la hoja de la espada tocará al escudero, si Dios quiere, cuando su armamento mientras que, al mismo tiempo, se tendrá de rodillas (junturas inferiores dobladas). Es conveniente recordar aquí las correspondencias entre el cuerpo, el alma y el espíritu; sus interacciones, sus «junturas» podríamos decir, ya que el estado mismo de la caballería, de acuerdo al pensamiento medieval, se presenta como la «juntura» entre el estado laico y el Sacerdocio.

De este modo estamos en disposición de comprender que los colores y los trazos personales, individuales o familiares, se originan y convergen hacia el Oriente Puro, Fuente de todo color y «Luz de Luces» como lo canta el Credo; hacia el punto único, inefable que genera todos los planos, todas las formas y todos los números, todo hace presentir que al final, cada uno es llamado a traspasar su blasón para alcanzar Aquél que está más allá de toda distinción porque es el Principio mismo, el Comienzo y el Fin. «Ô Oriens!», es uno de los nombres por los que la liturgia invoca a Nuestro Señor en la gran antífona de la octava de Navidad. Es la séptima invocación; siendo, la octava y última «Ô Jesús!».

Sin embargo, traspasar es cumplir y las armas deben dar testimonio de esta Gran Obra que corresponde única y exclusivamente al interesado y que debe poner de manifiesto, realizando aquí y ahora el campo operatorio de su blasón, para quedar transfigurado en el momento mismo que lo termine.

Es de tradición que la edificación del blasón se efectúe bajo la dirección de reyes de armas, heraldos y persevantes. Teniendo estos últimos igualmente por tarea, el hacer conocer y respetar los principios esenciales de la Noble Ciencia que piden una simplificación, o quizá mejor, una estilización del trazo. Esta estilización, sello de la auténtica heráldica, se aparece por otra parte como más rica de sentido simbólico en la medida que ofrece al entendimiento toda una orientación, todo un «programa espiritual» a descubrir como si de un jeroglífico se tratara...

Siempre se trata de formas y colores «idealizados» en el sentido que recuerdan y dan testimonio de la Forma y la Luz esenciales y arquetípicas. Así, el blasón, no debe estar sobrecargado de particiones, piezas o muebles como en el caso de una frase demasiado larga, confusa e incluso pedante. Se trata de no querer «decirlo todo», sino de con simplicidad evocar el centro, el corazón del ser... Y entonces «todo está dicho».

En efecto, para ser plenamente activas, es decir realmente portadoras de vida, las armas deben culminar en un trazado sobrio, esencial, y si se nos permite decirlo, lapidario, que traduce, o mejor aún, encarna toda la intensidad y toda su fuerza. Sucede lo mismo con los colores que uno debe esforzarse a limitarlos a dos o tres o como máximo cuatro.

Si el blasón es justo, para un hombre, un linaje o una orden; el blasón se ofrece como la revelación, en el doble sentido del término, de la personalidad interior de la que imagina el descubrimiento y de los rasgos espirituales. En el caso de una orden, encarna entonces con justeza y justicia el estado «ideal» de su portador que encuentra así en él y por él su «justo lugar» entre sus pares en la Orden y en el mundo en el que toma su rango para cooperar activamente en la Obra del Redentor.

Cualquiera, pero todavía más el caballero, es así llamado por su nombre al estar designado por su blasón, siendo por ello mismo designado por su vocación. En realidad, esta llamada se presenta a la vez como designación por el Eterno y atracción natural del alma al presentar su naturaleza verdadera, reconociéndose, de algún modo. Es todo el Misterio del hombre de deseo y de su encuentro «cara a cara» con su Creador.

La divisa, en cuanto a ella, se presenta en manera de modo operatorio del cumplimiento de las armas: una puesta en práctica, un rasgo, un soplo que subraya, lleva y prolonga el blasón. La divisa soporta y acompaña al blasón como el soplo lleva la palabra. Y el Espíritu Santo el Verbo divino.

Por lo demás, el blasonamiento mismo, como veremos más adelante, que realiza la proclamación cautivadora y así pues creadora del blasón al «dibujarlo» en el espacio y el sonido, es también verbo y soplo puesto que recrea al ser portador de estas armas en su Belleza esencial; ya que le confiere, se la devuelve deberíamos decir, revistiéndolo con la Verdad y la Vida.

Repitámoslo una última vez, la elección o recepción de un blasón, de una divisa no es en absoluto inocente y no tiene nada que ver con la afectividad ni la estética, si no que constituye un acto grave y solemne; un acto de mayoría de edad espiritual que condiciona la armonía interior, el vigor del alma, la fecundidad espiritual de su portador. Estas armas, esta divisa deben estar hechas pues «a su medida», ajustadas como lo era el yelmo al caballero. He aquí la razón por la que los trazos y los colores de todo blasón se meditan y no se merecen sino después de una búsqueda conducida «en espíritu y en verdad».

Una última observación, sobre la transmisión hereditaria de las armas.

Históricamente, fueron los caballeros (de alto rango) los primeros en llevar blasón. Este les era entonces puramente personal, precisamente porque en su esencia expresaba la persona espiritual de su portador y su vocación. Pero esto que inicialmente era así, sin embargo, muy pronto se convertirá en hereditario.

Es fácil de comprender, en efecto, que el hijo (o hija) quisieran tomar las armas de su padre, en ocasiones ilustres por los Altos Hechos que recordaban, sino también y en primer lugar porque se trataba simplemente de la perennidad de la sangre y que cada generación se nutriera de este espíritu de familia que lo acrecentaba en base a la fortaleza de ánimo de sus ancestros.

Por otra parte, la familia, como si de una Orden se tratara, aparecía realmente en tanto que persona con sus caracteres, sus particularidades; ofreciendo un rostro que le era propio, y fundamentado en un antepasado que había sabido realizarlo y transmitir su fuerza viva, pudiendo entonces llevar y recibir legítimamente las armas del mismo. Así comprendidas y vividas, las armas familiares son la viva imagen del genio propio de aquel, es decir del carácter único de una sangre, de un linaje; de lo que podríamos denominar su identidad incorporal: de su alma.

El blasón testimonia entonces este «espíritu de familia» al que nos referíamos hace un instante, que actúa propiamente como un terreno abonado en el que germina y crece cada uno de sus hijos, cada una de sus generaciones. En esta perspectiva estos últimos están en perfecta armonía con las armas familiares que representan un elemento vivo y vivificante de lo que debe convertirse en una búsqueda espiritual personal. Ellas son una parte auténtica de su ser y no un simple «haber patrimonial».

En este plano, la transmisión hereditaria del blasón aparece en su justificación espiritual y el padre, o la madre, que ha sabido edificar (en los dos sentidos de la palabra) a su hijo, pueden confiarle el cargo de llevar sus armas después de él sin disonancia, y en una verdadera continuidad.

LA MUJER Y LA CABALLERÍA

Nuestra intención, al tratar este asunto, no es el de abordar el lugar y papel de la mujer en la sociedad caballeresca, ni el amor cortés cantado por los trovadores de la lengua de Oc, los troveros de la lengua de Oïl o los minnesänger germánicos, luego de evocar la Dama «en» caballería, cosa que ya hemos hecho en la obra anteriormente citada. Hablaremos aquí de la Dama «de» caballería, dicho de otro modo, en tanto que miembro efectivo de esta fraternidad de armas.

Contrariamente a una concepción generalmente extendida, ha habido mujeres que han recibido la caballería, de las que algunas de ellas han armado caballeros, incluyendo a hombres, aunque muy raramente, eso hay que aceptarlo. Un ejemplo de lo que afirmamos y que perpetuó durante su reinado, es el de S.M. la reina Isabel II de Inglaterra.

Por otra parte, Régine Pernoud, la gran especialista francesa de Juana de Arco, estimaba como muy probable que esta última hubiera estado adobada. Por lo demás, Juana es una figura única en la Historia ya que ella conjuga en su persona diversos paradigmas del mundo caballeresco, así como la santidad. En efecto, ella es a la vez el caballero y la Dama de caballería. Podemos añadir que ella encarna de igual modo, el alma de la caballería en sus virtudes que hemos explicitado en capítulos precedentes.

En Francia, sin que a priori haya sido posteriormente adobada, citaremos igualmente a Jeanne Laisné, de sobrenombre Jeanne hachuela, la cual, provista de un hacha, rechazó desde lo alto de una muralla a un asaltante borgoñón durante el asedio de Beauvais en 1472.

. . .

En la época medieval en particular, el término caballeresca o caballera era utilizado para designar a las mujeres que habían recibido el adobamiento de las cuales, buen número de ellas había participado en combates, incluyendo en Tierra Santa durante las Cruzadas, lo que descontentó y escandalizó a las tropas enemigas. Este nombre cayó en desuso hasta que se olvidó por completo.

La Edad Media, a la que a menudo se juzga misógina mientras que principalmente es el siglo XIX y buena parte del XX, los que realmente lo fueron, reconocía, de manera general, la cualificación de las mujeres para seguir esta vía iniciática del oficio de armas: la vía heroica. Evidentemente, hay que ser rigurosos en el relato de los hechos históricos: el adobamiento femenino quedó limitado si se compara con los armamentos de hombres y ninguna de las Órdenes medievales contaba con mujeres caballeros y combatientes.

Por otro lado, al menos dentro de la Orden Militar y Hospitalaria de San Lázaro de Jerusalén, junto a los Hermanos, había Hermanas (*fratres et sorores leprosorum*) que servían como cuidadoras, pero estas Hermanas no estaban adobadas. Cabe recordar que, según los criterios de la moral medieval, el cuidado de los leprosos sólo podía ser realizado por mujeres. Dentro de las Encomiendas, la clausura entre las dos comunidades debía estar expresamente respetada[103].

Más allá de los encaminamientos caballerescos personales, hubo Órdenes de caballería específicamente femeninas.

---

[103] Jean-Luc Alias: *L'Ordre de Saint-Lazare*, Éditions Cheminements.

- La Orden de las Damas del Hacha creada en 1149 durante la Reconquista por Ramon Berenguer conde de Barcelona para honorar a las mujeres de Tortosa que se unieron a los hombres de armas para rechazar a los musulmanes durante el asedio a la ciudad. Todo indica que fue una orden honorífica. Su divisa fue un hacha de gules (rojo) puesta en palo sobre una especie de esclavina.

- Orden de las Damas de la Banda, creada en 1380 por Juan I de Castilla con el fin de rememorar la valentía de las mujeres de Palencia que se unieron a los defensores durante el asedio a la ciudad por Juan de Gante, duque de Lancaster, obligando a las tropas inglesas a abandonar el asedio. Las Damas de esta Orden llevaban el título de caballeras y tenían el privilegio de hacer gala de una banda de oro sobre su vestimenta, Se les otorgó llevar el «doblez dorado», también llevado por los Caballeros de la Orden de la Banda de Castilla, creada en 1332 por Alfonso XI. Se trataba como en el caso anterior de una orden honorífica.

. . .

Desde el siglo XIX, las Órdenes caballerescas subsistentes, sean estas militares, hospitalarias o dinásticas, admiten mujeres con el apelativo de Damas de la Orden. No obstante, la mayor parte no están adobadas, lo que es una anomalía en relación a la concepción y tradición medievales que acabamos de recordar. Es sin embargo evidente que cada Orden tiene perfecto derecho –e incluso el deber– de poner en práctica esta antigua tradición. Por otra parte, resultaría bastante lógico que todas las Órdenes procedieran así.

Y esto, sobre todo porque desde el siglo XX, muchas mujeres han hecho carrera en los ejércitos regulares de sus respectivos países, participando en operaciones militares que las han llevado a dirigir y, en otras ocasiones, formando parte de unidades de resistencia de las fuerzas armadas en determinadas partes del mundo sometido a diversos abusos (pensamos en las mujeres soldados israelíes, kurdas y, recientemente, ucranianas, en particular).

La vocación y capacidad militares de las mujeres no son objeto de debate actualmente, ni en consecuencia, su derecho a recibir el adobamiento caballeresco a semejanza de sus compañeros masculinos y bajo las mismas condiciones.

Este principio se impone a todos aquellos que contemplan el estado caballeresco: la caballería exige, tanto para los hombres como para las mujeres, una cualificación propia que denominamos vocación y que debe ser comprobada por aquellos que tienen la responsabilidad de transmitirla. Bajo este cuidado, permanecerá en su autenticidad y eficiencia a través de generaciones.

NUESTRA SEÑORA DE LA CABALLERÍA
MARÍA, VIRGEN Y MADRE

La Santísima Virgen María, Nuestra Señora, ocupa un lugar esencial en la espiritualidad caballeresca. Si bien es conocido, por otro lado, el papel de la Dama en caballería en tanto que inspiradora de las hazañas del caballero dedicado a su servicio, en el marco del amor cortés, este no es más que un reflejo del compromiso que debe todo caballero hacia la Madre de Nuestro Señor.

El caballero está dedicado a los Misterios de María, como todo cristiano en san Juan desde la institución de esta filiación por Jesús crucificado:

> Estaban junto a la cruz de Jesús su madre, y la hermana de su madre, María mujer de Cleofas, y María Magdalena. Cuando vio Jesús a su madre, y al discípulo a quien él amaba, que estaba presente, dijo a su madre: Mujer, he ahí tu hijo.[104]

Por su parte, el caballero, tanto en su búsqueda espiritual como en su acción temporal, está particularmente ligado a María. Ella es el paradigma de la Dama de caballería, he aquí porqué le hemos dado el calificativo de Nuestra Señora de la caballería. Ella protege, en efecto, bajo los pliegues tutelares de su manto maternal, a los

---

[104] Jn XIX, 25-26.

miles Christi, en particular los de las Órdenes que hemos evocado, las cuales también envuelven con su propio manto a cada uno de sus caballeros para signarlos con su respectiva vocación y colocarlos bajo este primer patrocinio, bajo esta primera protección.

Más generalmente, la Santísima Virgen guarda a todo caballero, tanto en sus combates del mundo como en los suyos propios a su encaminamiento espiritual en el curso del cual las potencias hostiles no dejarán de desatar, a medida que se vaya produciendo su crecimiento en espíritu y en verdad.

Así, María permanece como esta estrella de la mar, Stella Maris[105], que guía, tranquiliza, protege de las tempestades y conduce al puerto de salvación que es su divino Hijo. Es la razón por la que un caballero que vive plenamente su estado debe dar toda la importancia que merece a la devoción a María en cumplimiento de su servicio a Cristo, al prójimo y a su patria.

Una vez expuesta esta realidad cristiana y caballeresca, no resulta vano recordar igualmente, para un sano (y santo, por otra parte) entendimiento del asunto que vamos a considerar, que los Concilios de Constantinopla (381 y 553) y de Calcedonia (451) han reafirmado y precisado la coexistencia en Cristo de la naturaleza humana y divina, en una unión sin confusión. Lo que queda resumido así: verdaderamente y plenamente Dios, verdaderamente y plenamente hombre. Es este uno de los Misterios cristianos, sobre el cual, en este mundo, sólo podemos acceder por la fe, pero no comprenderlo realmente.

A la luz de lo que se inscribe en los fundamentos del Credo y de la catequesis, sabemos y profesamos que Cristo reúne en una sola Persona su naturaleza divina que comparte desde toda la eternidad con el Padre y el Espíritu Santo y su naturaleza humana, recibida de la Virgen María, y que es así, plenamente Dios y plenamente

---

[105] *Ave stella maris*, Himno multisecular del que se desconoce quién es el autor (algunos avanzan a Venance Fortunat en el siglo VI o a Paul Diacre en el siglo VIII) y que se canta en las vísperas de la Santa Virgen.

hombre, desde su Concepción en su Madre según la humanidad. Quedando así definitivamente establecida la falsedad de las doctrinas bien conocidas en teología, formando parte de las múltiples herejías que, sin embargo, tienen tendencia a resurgir bajo nuevas y propias presentaciones en nuestra época y el Occidente modernos y ofrecidas a la cada vez más debilitada fe cristiana. Es por lo que, no resulta inútil recordarlas sucintamente aquí.

El Arrianismo y el Ebionismo que profesan la naturaleza exclusivamente humana de Cristo y, en su antítesis, el Docetismo que afirma su naturaleza únicamente divina. Las doctrinas dichas de cristología angélica para las que la naturaleza de Jesús, no es ni divina ni humana, sino angélica. El Nestorianismo que, aunque admite la doble naturaleza de Cristo (divina y humana), la define por la coexistencia de dos Personas en el mismo ser: un divina (el Verbo), la otra humana («el hombre Jesús», hijo de María) y su error opuesto, el Monofisismo, que sostiene que la naturaleza humana de Cristo ha quedado «absorbida» por su naturaleza divina.

Algunas precisiones ahora, acerca de las enseñanzas de la Iglesia sobre María, a fin de recordar los fundamentos: el dogma de la «maternidad divina» definido en el concilio de Éfeso (431): María es la *Théotokos* (la Madre de Dios) que ha dado luz a Dios (Jesús, verdadero Dios y verdadero hombre).

El dogma de la virginidad perpetua, definido por el Papa Martín I en el sínodo de Letrán (649): María siendo virgen antes del nacimiento de Jesús, continuó siéndolo hasta su muerte. El dogma católico de la Inmaculada Concepción, definido en 1854 por el Papa Pío IX: María concebida sin pecado, no alcanzada por el pecado original. Finalmente, el dogma católico de la Asunción, definido en 1950 por el papa Pío XII: la Virgen María, al final de su vida terrestre, fue elevada en cuerpo y alma a la gloria del cielo.

. . .

Entremos ahora al corazón de nuestra exposición. El Misterio de Cristo nos invita con naturalidad a meditar sobre el de su Santísima Madre, ya que si Cristo es la Puerta[106] que nos lleva al Padre, María es seguramente la puerta que da acceso al Hijo. Volveremos sobre esta función de «pasaje». Este Misterio, además de la impecabilidad esencial y preservada de María desde el mismo origen de su ser, la Inmaculada Concepción que, es confirmada y (re)afirmada por la Virgen misma cuando su dieciseisava epifanía de Lurdes, el 25 de marzo de 1858, cuando se presentó bajo este nombre a santa Bernadette, en este Misterio, pues, residen su virginidad y maternidad conjuntas, milagro único y primer sello de la revelación cristiana.

María presenta así, en imitación, o más exactamente si se quiere, en reflejo de Jesucristo[107], ella que es *speculum Justitiae* (espejo de justicia) de su divino Hijo, el único Sol Justitiae (Sol de Justicia), no por una doble naturaleza de su persona, sino por una doble cualidad o modalidad de su humanidad que hace de ella, igualmente en este aspecto, una mujer absolutamente única en la Historia a lo largo de las generaciones.

Es a este Misterio al que dedicamos estas líneas que no tienen otra pretensión que la de invitar a meditar, a fin de impregnarse mejor del mismo, gracias a los frutos de la oración y la contemplación, ya que ésta es la única manera con la que el cristiano puede esperar aproximarse más a dicho Misterio, en la medida que ello pueda lograrse aquí abajo.

Al igual que en la sola Persona de Jesús coexisten dos naturalezas, de la misma manera en la sola persona de María, en su naturaleza humana, en tanto que mujer, coexisten, esta vez no dos naturalezas, sino dos modalidades de dicha naturaleza, dos estados del

---

[106] Jn X, 1-10.

[107] «*Jam Christe sol justitiae, mentis diescant tenebrae*» (*es tiempo, oh Cristo, sol de justicia, que las tinieblas de nuestros corazones den paso al día*): himno de laudes para tiempo de cuaresma (primeros versos). Señalemos que, en lenguaje bíblico, el término de Justicia significa Santidad. Dios es Santo, por excelencia, de dónde proviene toda santidad, la del justo de las Escrituras, precisamente (צדיק tsadik en hebreo).

ser; dos modos ontológicos cronológicamente distintos y exclusivos uno de otro en toda persona del sexo femenino: la virginidad y la maternidad. La Virgen María, ejemplo único, las presenta, las vive, las encarna por tanto simultáneamente y de manera inmutable a partir de su Amén a la voluntad divina que le fue revelada y propuesta por el arcángel Gabriel, luego, desde su aceptación libre y amorosa de su vocación y del proyecto divino.

Desde la Anunciación, en efecto, una vez haya consentido con todo su ser, con toda su fe, habiendo respondido por su Amén total a la voluntad de Dios operada en ella, por el Espíritu Santo, María se convierte en Madre del Señor según la humanidad, según la carne (σάρξ sarx en griego; בָּשָׂר basar o bashar en hebreo, que designan, repitámoslo, el cuerpo y el alma, no solamente el cuerpo físico) carne que ella le transmite, y deviene entonces la Madre de Dios en este mundo y antes mismo que esta maternidad se inscriba en el respeto y la integridad inmutables de su virginidad físicamente entendida.

Para todas las otras mujeres, estas dos modalidades solamente pueden concebirse y vivirse en términos cronológicos, en estados sucesivos, mientras que, en María, a partir de la Anunciación, estos dos modos son simultáneos, eternos, su plenitud y realidad absolutas que no se contradicen, no se oponen; antes al contrario, se conjugan y completan de manera única y milagrosa: sobrenatural en términos teológicos.

Por una parte, la virginidad perenne de su carne (cuerpo y alma), por añadidura exenta de pecado antes de su nacimiento: la Inmaculada Concepción como antes hemos dicho; por otra, la maternidad, igualmente según la carne, cumplida cuando la Anunciación, llevada a término cuando la Natividad del Señor, proseguida como para toda madre en este mundo durante el crecimiento y vida de su hijo a lo largo de su existencia común, en este caso tras treinta años de vida oculta de Cristo, luego, más sus tres años de ministerio público hasta el pie de la cruz.

Maternidad divina subsistente en el Cielo, pero acrecentada en una maternidad de todos los bautizados, en una maternidad celeste, operada por Jesús crucificado a través de la adopción recíproca de María y el apóstol Juan.

Detengámonos en este punto crucial, en pleno sentido del término, en la medida que se inscribe en previsión y cumplimiento del Misterio pascual: muerte y resurrección del Verbo hecho carne. En espejo de su Hijo, María es la puerta: no es ella misma la Puerta de los Cielos, en su Persona, función que solamente el Señor efectúa, como Él mismo ha revelado, sino teniendo la misión como de «primera puerta», tan humilde como esencial, que da acceso a su Hijo.

La Virgen María, preservada del pecado desde toda la eternidad por la divina voluntad y así pues de Concepción Inmaculada (primer Misterio marial), después de haber hecho nacer al Verbo Salvador en la carne (segundo misterio marial), también dicho a la Historia (el tiempo y el espacio) de los Hombres, tiene por misión, según las palabras pronunciadas por Cristo desde lo alto de la cruz, hacer nacer a cada cristiano al Cuerpo Místico de Cristo (tercer Misterio marial): en la Iglesia, aquí abajo y, en la hora de su muerte, al seno de Cristo glorioso, que se sienta a la derecha del Padre con el Espíritu Santo: «Y si me fuere y os preparare lugar, vendré otra vez, y os tomaré a mí mismo, para que donde yo estoy, vosotros también estéis»[108].

Es así que, para Jesús, ella fue lo que podríamos decir *Janua carnis immaculatae* (Puerta de carne inmaculada) mientras que para los bautizados, ella es *Janua Regni Caelorum* (Puerta del Reino de los Cielos) es decir *Janua Christi*, la Puerta de Cristo: la puerta de la Puerta, siendo esta última a la que (o más bien a quien) da acceso: en efecto, el Reino de los Cielos, como así lo enseña la teología, que no es un lugar sino una Persona, el Verbo divino, Jesucristo, venido entre nosotros físicamente y que permanece místicamente

---

[108] Jn XIV, 3

(en el sentido teológico del término) a través de sus sacramentos y siendo el primero de todos ellos, la eucaristía; la presencia eucarística que hace de cada uno de nosotros contemporáneo y miembro de este Reino incluso antes de «nacer al Cielo»[109] por María.

Sí, decimos claramente «nacer al cielo» y es preciso saber contemplar este Misterio mariano demasiado a menudo ignorado, meditar sobre este papel realmente parturiente de María para cada uno de nosotros, por tal que hayamos sabido perseverar en la fe. Nuestra Señora ha quedado instituida *in aeternam* por su divino Hijo como Madre de cada uno de los bautizados; de la misma manera que, y a modo de reflejo, por y en Cristo, cada cristiano puede en lo sucesivo llamar a Dios «Padre Nuestro», puede llamar a la Santa Virgen «Madre Nuestra»[110], porque, cooperando con el Espíritu Santo, ella lo hace nacer realmente al Reino de Dios.

En lo más íntimo de este Misterio de la maternidad de María en tanto que nuestra «Madre del Cielo», más exactamente en lo más íntimo de lo que nuestras limitadas capacidades espirituales nos permiten llegar a entender en este mundo, ¿acaso no descubrimos, mutatis mutandis por supuesto, el espejo de lo que María cumple convirtiéndose en la Madre del Verbo, la Madre de Dios?: en la Anunciación, ella acoge al Hijo divino que, dejando el seno del Padre, deviene en su seno virginal su Hijo según la carne terrestre que ella le ha transmitido. Por ello, ella lo «pone al mundo», en todos los sentidos de esta locución.

De igual modo, y después de su Asunción, ella «pone al Cielo» (si se nos permite esta expresión) a cada cristiano que ha vivido su cotidianidad espiritual con ella en su camino de fe, conformando su corazón al suyo: «Pero María guardaba todas estas cosas, meditándolas en su corazón»[111]. Ella lo lleva de la tierra, en que muere,

---

[109] Expresión utilizada en la tradición ortodoxa para indicar el deceso.
[110] Pero sólo el Señor puede decir "mi Padre» porque es Dios Hijo por naturaleza (cf. el Credo), como es el único que puede decir "mi madre» según el cumplimiento del único Misterio de la Encarnación.
[111] Lc II, 19.

al Cielo al que nace; dónde ella lo «hace nacer», cooperando maternalmente con el Verbo y el Espíritu Santo, de acuerdo a una economía que nos es todavía velada, a su resurrección en un cuerpo de gloria reencontrado que ella presenta misericordiosamente a su divino Hijo que nada sabe negarle. ¿No es como un reflejo ascendente y salvador de lo que, en su seno terrestre, el Hijo de Dios consintió?: «Por nuestra Salvación, bajó del cielo; por el Espíritu Santo tomó la carne en la Virgen María, y se hizo hombre»[112].

María nos «incorpora» verdaderamente a Cristo, segunda Persona de la Trinidad, como ella ha «incorporado» Jesús a la carne de la humanidad terrestre. Siendo así sus hijos, estamos pues configurados al Hijo y, en tanto tales, adoptados por el Padre en el Misterio del Amor trinitario. Sí, imbuyámonos de esta verdad: el lugar que Jesús nos ha preparado, ha sido gracias a la intercesión maternal de María para favorecernos el acceso; tanto para aquellos que están en este mundo como para las almas del purgatorio. Acordémonos especialmente de las gracias que ella nos ofrece en tanto que Nuestra Señora del Carmelo a través del don del escapulario.

He aquí porqué, en particular, la consagración personal a los Dos Corazones Unidos, (el corazón inmaculado de María y el Sagrado Corazón de Jesús), es esencial para toda vida cristiana, sobre todo en estos tiempos de caos generalizado. Hijos del Padre por y en el Hijo (*filii in Filio*, según la formulación teológica) e hijos de María a consecuencia de san Juan, uno de cuyos sentidos de estas palabras de Jesús se nos aparece en toda su luz: «De cierto os digo, que el que no recibe el reino de Dios como un niño, no entrará en él»[113].

Volvamos a las dos modalidades ontológicas de la Santísima Virgen. Por supuesto, en María hay una sola naturaleza humana (cuerpo, alma, espíritu). Ella es nuestra hermana en humanidad, una de entre nosotros si exceptuamos su grado supereminente de

---

[112] Credo.
[113] Lc XVIII, 17.

santidad; sin embargo María une en ella, en su carne según nuestra común humanidad –y en ello radica el Misterio con el que Dios la ha revestido– estos dos cumplimientos de las mujeres según los carismas y vocaciones de cada una, carismas y vocaciones que el cuerpo femenino es único en encarnarlos de la manera que conocemos pero que son necesariamente distintos en la condición de vida terrena: la virginidad y la maternidad.

Consideremos primero la virginidad. En primer lugar, se trata de la virginidad voluntaria y asumida del cuerpo físico (σῶμα soma en griego; גוף gouf en hebreo) de aquellas que se han dedicado a Dios desde el comienzo de sus vidas, abrazando por lo general la vida consagrada o monástica.

Así fue en el caso de la virginidad del cuerpo de María, en tanto que traducción (nos atreveríamos a decir, en tanto que consecuencia lógica) hasta el de la virginidad de su alma y su espíritu ofrecidos y vueltos hacia Dios desde su nacimiento. La virginidad de su cuerpo es signo (el sello, el sacramento en sentido literal) del de todo su ser y de su vocación. Sin embargo, ella ha llevado esta virginidad a su más alto grado de expresión, de obediencia y de amor a Dios, ella, que más que una virgen entre las vírgenes dedicadas fue la Virgen de Israel anunciada por los profetas.

Examinemos ahora la maternidad. Se trata de la maternidad de aquellas que, en los lazos del amor humano, especialmente en los bendecidos por el matrimonio, en particular judío y cristiano, paren al mundo terrestre desde el exilio de la Caída, a las generaciones según el mandamiento divino: «Creced y multiplicaos»[114]. No es una simple imagen, simbólica (en el sentido moderno del término) ni sentimental, si la sabiduría de los pueblos ha terminado utilizando tan a menudo el nombre de frutos, para designar a los hijos, vistos como signo de una bendición del Cielo, de un don nacido

---

[114] Gén I, 28

del compromiso del amor de dos seres que, previamente, se han entregado el uno al otro.

Conviene añadir, por otra parte que, la simple virginidad del cuerpo físico sin la del alma, del espíritu, que la exprese, quedándose como una mera huella física, acaba resultando vana, estéril en el plano de la edificación y significación espirituales. Al igual que una maternidad rechazada o desprovista de amor queda como una monstruosidad, un escándalo, tanto en el plano puramente humano y societario como en el espiritual.

Otra precisión antes de ir más adelante y por tal de evocar el conjunto de aspectos de este asunto. En la dimensión del encaminamiento cristiano, pero también de todo verdadero camino espiritual según las tradiciones auténticas de la humanidad recibidas por misericordia de Dios antes de la revelación cristiana, existe también la virginidad del alma aunque ya no esté la del cuerpo porque no olvidemos que la santidad también se puede adquirir en el estado santo del matrimonio, así como hay una maternidad según el espíritu, un parto espiritual, tanto para hombres como para mujeres, con cuerpos vírgenes o no, comprometidos en el celibato o unidos en vínculo matrimonial, con o sin hijos.

Esto es particularmente cierto para aquellas y aquellos que se han dedicado a la vida espiritual y ha sido confiada a su cargo la edificación de su prójimo mediante el consejo evangélico, principalmente en el seno de la vida monástica o en el marco del servicio pastoral y sacramental ligado al sacerdocio.

No obstante, contemplaremos aquí la virginidad y la maternidad según la carne, lo que implica necesariamente y de manera inmediatamente visible el cuerpo físico, por supuesto con el alma que es su principio, como este término lo traduce el hebreo y el griego, pero teniendo aquí este cuerpo físico en sujeto y modo mayores. Ahora bien, es evidente para todos que, según las leyes de la naturaleza humana, luego de esta carne que la pone de manifiesto y la marca, más precisamente todavía de este cuerpo físico, terrestre, una mujer no puede ser simultáneamente virgen y madre, conservando por otro lado esta condición «por los siglos de los siglos».

Solamente Nuestra Señora, única virgen de Israel en tanto que Inmaculada Concepción y simultáneamente única Madre de Dios según la Encarnación del Señor –luego Madre de la Iglesia de la que es paradigma, al igual que realmente Madre celeste de cada uno de los bautizados desde la Cruz, su Asunción y su Coronamiento por Cristo Rey– presenta este milagro en el que la amplitud de la feminidad queda cumplida según un modo único que le es propio, constituyendo uno de los más profundos Misterios cristianos.

En María, las condiciones de la carne terrestre son trascendidas sin ser en absoluto abolidas o forzadas, lo que es, por lo demás, lo propio de todo auténtico milagro de Dios cuyo poder infinito actúa siempre con infinita delicadeza en lo más íntimo de los seres. La virginidad eterna no es obstáculo para la maternidad que da carne a la Segunda Persona de la Santísima Trinidad y el nacimiento del Niño Dios no rompe el sello de esta virginidad; virginidad y maternidad permanecen para siempre unidas en la persona de María, coexistiendo indescriptiblemente aunque cada una conserve su propia realidad y más todavía. una llamando a la otra, una realizándose en la otra, en absoluto respeto a su realidad respectiva.

Así como, desde su Resurrección y Ascensión, Jesucristo, Segunda Persona de la Santísima Trinidad, reina sentado a la diestra del Padre conservando su humanidad asumida durante su Encarnación, así también la Santísima Virgen María conserva, *in aeternam*, su virginidad y su maternidad unidas en su vida terrena como en su vida celestial.

Es en esta calidad y en esta gloria que ella está unida a lo más íntimo del Verbo, más que ningún otro ser humano; que ella nos conoce, como ningún ser humano nos haya conocido jamás, que nos acoge y vela por cada uno de nosotros a fin de hacernos nacer y crecer en Cristo, Reino de Dios, cooperando así a la plenitud de su Cuerpo Místico, tanto en el Cielo como en la Tierra.

BIBLIOGRAFÍA

I - La Caballería

ALIAS Jean-Luc,
- *L'Ordre de Saint-Lazare de Jérusalem, la chevalerie au service des lépreux,* Editions Chelinements, 2008
- *L'assaut de Paradis et les armures du chevalier spirituel,* texto de 1465 ; presentación y adaptación de Pierre-Girard AUGRY, prefacio de Jean-Marie AUZANNEAU-FOUQUET, Pardès 1988.

BANDER VAN DUREN Peter,
   Orders of knighthood and of merit. The Pontifical, Religious and Secularised Catholic-founded Orders, and their relationship to the Apostolic See, Colin Smyth, Gerrards Cross Buckinghamshire, 1995.

BARBER R.,
- *The Knights and Chivalry,* London 1995.

BOURBON-PARME, Príncipe Xavier de
- *La chevalerie Hospitalière et Militaire de l'Ordre de Malte,* Éditions P. Lethielleux 1980.
- *Les chevaliers du Saint-Sépulcre* por el Príncipe Xavier de BOURBON-PARME, Mn BRESSOLES, R.P. RIQUET, Fayard 1957.

BORDONOVE Georges,
- *Les Templiers, histoire et tragédie,* Fayard 1977.

BORON Robert de,
- *Le roman de l'histoire du Graal,* Editions W. A. Nitze, Paris, Classiques Français du Moyen Âge, 1927.
- *Le Roman du Graal,* Editions Bernard Cerquiglini, Paris, U.G.E., 10/18, 1981.

BUMKE J.
- The concept of knighthood in the middle ages, (trad. W.T.H. y E. Jackson, New York 1982.

CASSAGNES-BROUQUET Sophie,
- *Chevaleresses, une chevalerie au féminin,* Perrin, collection pour l'Histoire 2013.

CERVANTES Y SAAVEDRA, Miguel,
- *El ingenioso hidalgo Don Quijote de la Mancha,* Editorial Castalia (2 volúmenes) 2017.

CHÊNERIE Marie-Luce,
- *Le chevalier errant dans les romans arthuriens en vers des XIIè et XIIIè siècles,* Ginebra 1986.

CHRÉTIEN DE TROYES,

- *Perceval le Gallois ou le conte du Graal* (*XIIè siècle*) mis en français moderne par Lucien FOULET, préface de Mario ROQUES, Stock Plus 1978.
- *Romans de la Table Ronde – le cycle courtois*, textos traducidos, presentados y anotados por Jean-Pierre FOUCHER – Le Livre de Poche n° 1998, 1970.
- *Coutumes des chevaliers de la Table Ronde*, Chartres, Garnier, 1887. Texto atribuido, bajo reserva, a Olivier de Vienne, obispo de Autun (comienzos del siglo XVI).

COHEN Gustave,
- *Histoire de la chevalerie en France au Moyen-Âge*, 1949.

DAVY Marie-Madeleine,
- *Iniciación a la simbología románica*, Akal, 1996.
- *Dissertation sur l'ancienne chevalerie*, textos escogidos y presentados por Pierre GIRARD-AUGRY, prefacio de Jean-Marie AUZANNEAU-FOU-QUET, Pardès 1990.

DEMEULE Fanie,
- « *Représentations des néo-amazones : Katniss (The Hunger Games), Brienne (Game of Thrones) et Lagertha (Vikings)* ». Thèse de doctorat en Études Littéraires, Université de Quebec à Montréal, 2020.

DUBY Georges,
- *Guillaume le Marechal ou le meilleur chevalier du monde*, Fayard, 1984.
- *La société chevaleresque*, Flammarion, collection Champs.

ENGELS C.E.,
- *Histoire de l'Ordre de Malte*, Genève 1968.

ESCHENBACH Wolfram von,
- *Parzival*, traduction d'Ernest TONNELAT, Editions Aubier-Montaigne, Paris 1977.

FLORI Jean,
- *La chevalerie*, Éditions Jean-Paul Gisserot, collection « bien connaître », 1998.
- *La chevalerie en France au Moyen-Âge*, P.U.F., collection « Que sais-je ? » n° 972, 1995.
- *Chevaliers et chevalerie au Moyen-Âge*, Hachette, collection « vie quotidienne », 1998.

FUNCKEN Liliane et Fred,
- *Le costume, l'armure et les armes au temps de la chevalerie* Tome I : *du huitième au quinzième siècle*, Tome II : *le siècle de la Renaissance*, Casterman 1977-1978.

GAIER C.
- *Armes et combats dans l'univers médiéval*, Bruxelles, 1995.

GARDEN DE SAINT-ANGE Comte,
- *Code des Ordres de chevalerie*, Paris 1819, reeditado por Éditions de la Maisnie-Guy Trédaniel en 1979, prefacio de Hervé Pinoteau.

GAUTIER Léon,
- La chevalerie, Éditions Victor Palme 1885, reeditado por Éditions Pardès.

GAUTIER de SIBERT Pierre-Edmé,

- *Histoire de l'Ordre Militaire et Hospitalier de Saint-Lazare de Jérusalem*, 1772 ; réédition aux éditions Slatkine en 1983 avec un préface de S.E. le duc de BRISSAC et une postface de S.E. Guy COUTANT de SAISSEVAL.

GUTTON Francis,
- *L'Ordre d'Alcantara*, Éditions P. Lethielleux 1975.
- *L'Ordre de Calatrava*, Éditions P. Lethielleux 1955.
- *L'Ordre de Montesa*, Éditions P. Lethielleux 1974.
- *L'Ordre de Santiago*, Éditions P. Lethielleux 1972.
- *L'Ordre du Temple, l'Ordre du Christ, l'Ordre d'Avis, l'Ordre de Santiago (la chevalerie militaire au Portugal)*, Éditions P. Lethielleux 1981.

HARDOY Maïtena,
- *La « dame errante » dans la littérature médiévale (XIIe-XVe siècles)*, Thèse de doctorat en littérature française, 8 juillet 2015.
- *Les Hospitaliers de Saint-Lazare – Histoire et présence de la chevalerie*, número especial extra de la revista *Connaissance des Religions*, septiembre 1990.

JOUVEAU du BREUIL Paul,
- *Vocation spirituelle de la chevalerie*, Editions Traditionnelles, 1969.

LACURNE DE SAINTE-PALAYE J.B.,
- *Mémoire sur l'ancienne chevalerie*, 1756-1760-1781.

LAFFONT Robert,
- *Le chevalier et son désir*, Éditions Kimé, Paris, 1992.

LEFROID Louis,
- *L'impossible victoire – essai sur le donquichottisme*, Éditions Opéra, 1997.

LULIO Raimundo,
- *Libro de la Orden de caballería*, Alianza Editorial, 2006.

MELVILLE Marion,
- *La Vie des Templiers*, Gallimard 1951.

MENESTRIER le Père,
- *De la chevalerie ancienne et moderne*, Paris 1683.
- *Ordre Militaire de Notre-Dame et de Saint-Lazare, mémoires, statuts, rituels*, Les Éditions du Prieuré, 1992.

PERNOUD Régine,
- *J'ai nom Jeanne la Pucelle*, Gallimard, collection découvertes n° 198, 1994.
- *La spiritualité de Jeanne d'Arc*, Mame 1992.
- *Les Templiers*, P.U.F. 1974.

PERNOUD Régine et CLIN Marie-Véronique,
- *Jeanne d'Arc*, Fayard 1986.

PIERREDON, bailli comte Géraud Michel de,
- *La chevalerie primitive et l'ordre de chevalerie*, 1925, réédition avec une préface du comte Pascal Gambirasio d'Asseux, Editions La Pierre Philosophale, 2022.
- *L'Ordre équestre du Saint-Sépulcre de Jérusalem, son histoire, son organisation, ses insignes et ses costumes*, Poitiers 1928.
- *Les propos de saint Louis* presentados por David O'CONNELL y con prefacio de Jacques LE GORG, Gallimard-Julliard, colección archivos 1974.

Du PUY DE CLINCHAMPS Philippe,
- *La chevalerie*, P.U.F., Col. Que sais-je ? n° 972, 1982.
- *La quête du saint Graal*, texto presentado y establecido por Albert BÉGUIN y Yves BONNEFOI, Seuil, 1982.

RENÉ D'ANJOU le roi,
- *Le livre du Cœur d'Amour espris*, 1460.
- *Rituels anciens des Ordres de chevalerie*, choisis et présentés par Pierre GIRARD-AUGRY, préface de Gérard DE SORVAL, Dervy, 1994.

RUIZ DOMENEC J.E.,
- *La caballería o la imagen cortesana del mundo*, Génova 1984.

SAINTE-MARIE le R.P. Honoré de,
- *Dissertations historiques et critiques de la chevalerie ancienne et moderne*, 1718.

STÉFANESCO M.,
- *Jeux d'errance du chevalier médiéval*, Leiden, 1988.

TAUBE Michel baron de,
- *L'Empereur Paul Ier de Russie Grand Maître de l'Ordre de Malte et son Grand Prieuré Russe de l'Ordre de Saint-Jean de Jérusalem*, Éditions Slatkine, Paris-Genève, 1955, réédition 1982.

LOUIS René
- *Tristan et Iseult, renouvelé en français moderne d'après les textes des XIIè et XIIIè siècles*, Le livre de Poche n° 1306, 1972.

VALE M.,
- *War and chivalry* par M. Vale, London 1981.

VERTOT (Abbé de),
- *Histoire des chevaliers de Saint-Jean de Jérusalem*, Paris 1770.

VULSON DE LA COLOMBIÈRE Marc,
- *Le vray Théâtre d'honneur et de chevalerie ou le miroir de la noblese*, 1648.

II - Bibliografía general

ALFEYEV (Métropolite Hilarion)
- *Le Nom grand et glorieux – la vénération du Nom de Dieu et la prière de Jésus dans la tradition orthodoxe* Editions du Cerf 2007

ANASTASE LE SINAÏTE (saint):
- *Trois homélies* suivies de *Questions et réponses spirituelles et pastorales choisies* Introduction, traduction et notes de hiéromoine Nicolas (Molinier) Editions du Cerf 2013

ANONYME (traduction Jean Laloy) :
- *Récits d'un pèlerin russe* Editons du Seuil 1978

AVILA (SANTA Teresa de):
- *Les demeures*, textes traduits et présentés par Jeannine Poitrey Editions Résiac 1990

BENEDICTO XVI (Su Santidad el Papa):
- *La mort et l'au-delà* Fayard Paris 1994
- *Foi, vérité, tolérance* Editions Parole et Silence 2005

- *L'enfance de Jésus* Editions Flammarion 2012
- *Jésus de* Nazareth T. I Flammarion Paris 2007
- *Jésus de Nazareth* T.II Editions du Rocher 2011
- *La Parole de Dieu* Editions Parole et Silence 2007
- *Credo pour aujourd'hui* Presses du Châtelet 2006
- *Les principes de la théologie catholique* Editions Parole et Silence 2008

Viens, Esprit Saint (homélies de pentecôte) Editions Parole et silence 2008

Valeurs pour un temps de crise Editions Parole et Silence2005

BLOOM Antoine:
- *L'école de la prière* Editions du Seuil 1972 et 1995

BOON (abbé Nicolas):
- *Au cœur de l'Ecriture* Dervy 1987

BORELLA Jean:
El conjunto de su obra y en particular:
- *La charité profanée* Editions du Cèdre – Dominique Martin Morin 1979
- *Le sens du surnaturel* Editions ad Solem Genève 1996
- *Ésotérisme guénonien et mystère chrétien* Editions l'Âge d'homme, Collection Delphica 1997

BOUYER (abbé Louis):
- *Mystère et ministères de la Femme* Aubier Montaigne 1976
- *Religieux et Clercs contre Dieu* Aubier Montaigne 1975

CATHERINE de GENES (sainte):
- *Traité du Purgatoire*, présenté par Yves de Boisredon et Bernard Peyron Editions de l'Emmanuel 1983

CHALMERS (Joseph, O. Carm.)
- *Prier au Carmel à l'exemple de Marie* (titre original : *Mary the contemplative*) Editions Grands Carmes Parole et Silence 2007

DAVY Marie-Madeleine:
- *La connaissance de soi* P.UF. Collection SUP 1966
- *L'homme intérieur et ses métamorphoses* Epi 1974
- *Le désert intérieur* Albin Michel Collection spiritualités vivantes 1983

DELATTE (Dom Paul, o.s.b.):
- *Contempler l'invisible* (retraite prêchée en 1889 aux moniales de Solesmes) Abbaye Saint-Pierre de Solesmes 1988

DIDIER (Chanoine Jean-Charles):
- *Histoire de la Présence réelle*, préface du cardinal Garrone C.L.D. 1978

DURWELL (abbé François-Xavier):
- *Le Christ, l'homme et la mort* Médiaspaul 1991
- *Regards sur l'au-delà* Médiaspaul 1994

EVDOKIMOV Paul:
- *L'Orthodoxie* Delachaux et Niestlé 1959
- *Les âges de la vie spirituelle* Desclée de Brouwer 1964 et 1980

EYQUEM (Père Joseph, o.p.):
- *Transparente et mystérieuse eucharistie* Lethielleux 1983

FERLEY (abbé Philippe) :

- *Cœur du Christ, Mystère de Dieu* Médiaspaul 1995

FRANÇOIS Jean:
- *De la Genèse à l'Apocalypse, le langage métaphysique et symbolique de la Bible*, préface de Jean Chevalier, Docteur en théologie et philosophie La Table Ronde 1976

GOUILLARD Jean (traduction et présentation):
- *Petite philocalie de la prière du cœur* Editions du Seuil 1979

GRÜN Anselm:
- *La voix du désert – quarante méditations avec les Pères* Paroles et Silence 2006

GUILLERAND (Dom Augustin, Chartreux):
- *Maître, où demeurez-vous ?* Atelier Henry Labat 1985
- *Silence cartusien* Correrie de la Grande Chartreuse 1993
- *Face à Dieu – la prière selon un Chartreux*, préface de Mgr Pierre d'Ornellas Editions Parole et silence Socomed Médiation Saint Maur 1999

HILDEGARDE de BINGEN (sainte):
- *Le livre des œuvres divines (visions)* présenté et traduit par Bernard Gorceix Albin Michel, collection spiritualités vivantes 1982

JUAN de la CRUZ (santo):
- *La montée du Carmel* Editions du Cerf 1982
- *La nuit Obscure* Editions du Cerf 1982
- *La vive flamme d'amour* Editions du Cerf 1984

JUAN-PABLO II (santo):
- *La Très sainte Vierge Marie*, allocutions et écrits présentés par M. l'Abbé Paul Téqui 1985
- *Lettre apostolique Salvifici doloris, le sens chrétien de la souffrance humaine* Editions du Centurion 1984

LAROCHE (Michel, archiprêtre de l'Eglise orthodoxe) :
- *La vie en son nom – la prière du nom de Jésus et ses méthodes spirituelles* Editions Présence

LAURENTIN (abbé René):
- *Retour à Dieu avec Marie – De la sécularisation à la consécration* O.E.I.L. 1991
- *Traité sur la Trinité, Principe, modèle et terme de tout amour* Fayard, le Sarment 2000

LEON Louis de:
- *Les noms du Christ* Etudes Augustiniennes 1978

MARIE-EUGENE de L'ENFANT-JESUS (Père, Carme):
- *Au souffle de l'Esprit* Editions du Carmel 1990

MARTELET (Gustave, s.j.):
- *L'Au-delà retrouvé* Editions Desclée 1995

MOPSIK Charles:
- *La Cabale* Jacques Grancher éditeur 1988

NEUSCH (Marcel, Assomptionniste):
- *Le mal* Centurion Editions Pauliennes 1990

NICOLAS (Père Marie-Joseph, o.p.):
- *Court traité de théologie* Desclée de Brouwer 1990

RINCKEL Henri-Pierre:

- *La prière du cœur* Editions du Cerf 1990
- *Diviniser l'homme, la voie des Pères de l'Eglise* (choix de textes) Editions Agora – Pocket 2008

SCHAYA Léo:
- *L'homme et l'absolu selon la Kabbale* Dervy 1977

SCHOLEM Gershom:
- *Le Nom et les symboles de Dieu dans la mystique juive* traduction de M. Hayoun et G. Vajda Editions du Cerf 1983

SESBOUË (Bernard, s.j.):
- *La résurrection et la vie. Petite catéchèse sur les choses de la fin* Desclée de Brouwer 1990 et 1995
- *Pédagogie du Christ – éléments de christologie fondamentale* Editions du Cerf 1997

STEPHANE (abbé Henri GIRCOURT):
- *Introduction à l'ésotérisme chrétien* Vol I et II, Dervy 1979 et 1983

SOUZENELLE Annick de:
- *De l'arbre de vie au schéma corporel – le symbolisme du corps humain* Editions Dangles 1977
- *La lettre, chemin de vie* Le Courrier du Livre 1978

TANOÜARN (abbé Guillaume de):
- *Une histoire du mal* Via Romana 2014
- *Méditations sur la liberté chrétienne* Editions du Cerf 2016

TOURAILLE Jacques (traduction) et Olivier CLEMENT (présentation):
- *Philocalie des Pères neptiques* Editions Abbaye de Bellefontaine 2004

TRESMONTANT Claude:
- *Le Christ hébreu*, présentation de Mgr Jean-Charles Thomas O.E.I.L. 1983
- Un moine de l'Eglise d'Orient (P. Lev GILLET) : *La prière de Jésus* Editions Chevetogne/Seuil 1974

VIRYA (Georges LAHY)
- *La spiritualité de la Kabbale* Editions Présence 1986

WARRIN Francis:
La Théodicée de la Kabbale suivie de *La nature éternelle* d'après Jacob Boehme Editions Guy Trédaniel (Editions Véga), 1984

*Este ensayo de Pascal Gambirasio d'Asseux
se terminó de componer en las colecciones
de la editorial Delfos en el día
24 de junio de 2024*

.